Comment se faire passer
pour un
CRITIQUE GASTRONOMIQUE
sans rien y connaître

ÔK.

François Simon

Comment se faire passer pour un CRITIQUE GASTRONOMIQUE sans rien y connaître

50 leçons
pour être bien traité au restaurant

Albin Michel

Ouvrage publié sous la direction de Claude Lebey

22, rue Huyghens 75014 Paris

www.albin-michel.fr

ISBN : 2-226-12675-9

Cinquante leçons ? Pfuit, il en faudrait dix fois moins pour devenir critique gastronomique. D'abord on retirerait les deux mots et on s'attablerait. Il suffit donc d'une table, d'un derrière et d'une chaise. Après, donnez-moi juste un peu de temps et je vous dirai… Quoi ? Rien, pardi !

Juste du silence. Un plat, un restaurant, c'est comme un cœur à prendre, il faut l'attendre, le guetter, l'écouter. On ne va pas non plus passer cent sept ans, non. Juste quelques secondes. Il faudra le regarder dans les yeux, dans sa vérité et voilà tout. Enfin presque. On rajoutera une cinquantaine de chapitres pour les studieux, des petites histoires pour les promeneurs, des trucs et des ficelles pour les impatients.

50 leçons pour être bien traité au restaurant

LEÇON N° 1

Comment choisir son restaurant ?

Il y a comme une méprise au sujet des restaurants. Comme une histoire d'amour où un chef talentueux arriverait sur son cheval blanc. Le (petit) problème, c'est qu'il n'y a pas tripotée de chefs talentueux. Encore moins de cheval blanc ! Mais gris, noir, jaune, brun, rose. Régulièrement, on entend pleurnicher les recalés de la légende. Comment ça, il n'y avait pas Catherine Deneuve, Isabelle Adjani, Louis de Funès, Ophélie Winter ? Comment donc le soufflé d'oursins n'était pas aussi monté qu'on le chante ? Ouh la, il y a bien un moment où il faut déciller les bienheureux, les allonger sur le sol et leur demander avec une voix douce « Mais que voulez-vous au juste ? »

Arrêtez de fantasmer. Sachez qu'il existe un restaurant qui vous attend, mais par pitié, cessez de fantasmer sur l'excellence, le paradis toqué, l'amour étoilé. La littérature gastronomique nous a habitués à l'hébétude, farcie de superlatifs. Résultat, nous voilà comme des orphelins cherchant la tétine inusable, le chef multi(sur)prise. Ce restaurant est dans vos mots, pas dans ceux des autres.

Déterminez vos choix et suivez le guide. Que voulez-vous donc au juste ? Allez à pied au restaurant ? Être assis sur une banquette ? Avoir une table le soir même ? Et un accueil gentil ? Et une assiette digeste ? Mais pardi, ça existe à foison ! Là où ça se complique, c'est que dans une même rue, il est impossible de deviner quels peuvent être les bons restaurants. Vous n'allez pas perdre votre temps à les essayer. Il y en a qui sont payés pour ça. Faites-les travailler pour vous. Choisissez votre guide, croisez les avis, puis faites très vite le vôtre. Vous verrez, vous avez un authentique talent. Mieux, votre propre goût (quel choc !).

Soyez patient. N'oubliez pas que les grands talents sont au rendez-vous. Jeffrey Steingarten, célèbre critique américain, a attendu la septième visite chez Alain Passard, à l'Arpège, pour comprendre pourquoi le *Guide Michelin* lui avait attribué trois étoiles. Lui au moins, il a de la chance. Personnellement, ça ne m'arrive qu'une fois tous les sept ans ! Est-ce à dire que ce trois étoilé ne les mérite pas ? C'est une autre paire de manches. Logiquement, les grands restaurants devraient être toujours présents dans l'excellence. Gageure fantaisiste que seuls quelques rarissimes (style Pacaud, à l'Ambroisie) arrivent à tenir au détriment, on l'aura compris, d'une certaine fantaisie.

Soyez indulgent, acceptez qu'un grand repas soit une surprise. La gastronomie n'est pas un distributeur automatique de frissons. Aucune garantie. Même les « grands » chefs ont du mal à accepter que leur talent ne soit pas exempt de variantes. Rien de plus normal, d'humain. L'excellence fait des victimes non seulement du côté des clients, mais aussi des chefs. Si le dîner était fabuleux dans une grande table, estimez-vous heureux. Car le miracle, si couramment évoqué, n'existe que rarement. Il faut juste le guetter, le pister, mais ne pas l'exiger. Le problème, c'est qu'on a du mal à avaler des additions astronomiques pour des repas tout juste honnêtes.

J'ai le souvenir encore cuisant d'un chef triplement étoilé – Guy Martin, du Grand Véfour, pour ne pas le nommer – qui me tomba dessus pour un papier vaguement rosse, mais qui n'avait rien à voir avec la déroute d'un dîner loupé (ça arrive). Ouh là, je le voyais, à l'occasion d'un lancement du guide *Zagat*, gratter le sol de son mocassin. J'aurais dû prendre les jambes à mon cou, prétexter une remise de médailles, le lancement d'une fusée.

Trop tard, ce chef si délicieux, doux, exquis, charmant, me lâcha en 120 secondes toutes les horreurs qu'un cerveau puisse imaginer. Mes proches étaient voués à la mort (je n'exagère pas, j'ai la tirade en tête pour l'éternité) et logiquement, si le malheur s'abattait sur ma maisonnée, je l'aurai bien cherché.

Je me vois encore titubant vers la sortie, héler un taxi, m'enfoncer dans la moleskine, et demander au chauffeur de me conduire dans une table où l'ego du chef pouvait passer par le trou d'une serrure.

Un peu d'honnêteté ! Voilà pourquoi les bonnes surprises arrivent dans des tables sereines, paisibles, humaines. C'est « juste » l'alignement de votre attente, d'une atmosphère idoine et des plats du même métal. C'est donc au départ que vous devez être le plus honnête avec vous. Cherchez votre plaisir, localisez-le et ensuite décrochez votre téléphone.

Rainforest Café, patatras food !

Il y a des fois où j'échangerais bien ma place avec la vôtre. Oh mais juste un instant, pas plus ! Le temps d'une escapade, par exemple au village Disneyland. Vous vous apercevrez alors de la douce illusion du choix des restaurants. La plupart du temps, si l'on regarde bien, on atterrit dans un restaurant qui ne nous ressemble guère. Lorsqu'on s'y assoit, il est déjà trop tard, l'aventure peut commencer...

Le menu

Bouh ! Sans espoir de retour.

Cæsar salad. Servie à plat dans une large assiette, elle fait plâtrée pour autocariste : sans relief, sans dignité, avachie sans la grâce friponne d'une sauce décente, de croûtons croustillants et aillés.

Fried chicken. Plat d'anthologie consternant, avec de formidables embardées loupées (carottes râpées et groseilles, purée au *garlic*), légumes épars et quelques croquettes de poulet. On arrive bien à extraire quelques bouchées mais, par la grâce du ciel, dans un faux mouvement, j'ai renversé mon verre de vin dans l'assiette. Ce fut comme un soulagement, une composition irréelle marbrée de pourpre, se diluant dans le non-sens.

Cheesecake à la banane. Assiette drôlement écœurante avec sa crème fouettée, la banane en deux déclinaisons (mousse et rondelles) mais naviguant ailleurs, sans cohésion, sans ce rentre-dedans des desserts chimiques, leur allégresse absurde. Non, du petit-bras dispersé et grammé.

Le service

Admirablement stoïque, limite robotisé, mais déployant une bonne humeur, une constance à toute épreuve. C'est sans doute l'un des derniers maillons humains auquel se raccrocher, la clientèle est ailleurs dans son cauchemar climatisé.

Le décor

Petite jungle reconstituée à grand renfort de lianes et de rochers ruisselants. Parfois, l'orage tonne, les lumières baissent et les enfants pleurent. D'autres fois, un vague éléphant plastifié remue ses oreilles ; les parents s'affolent, allument le camescope, cadrent d'une main, mangent de l'autre, pendant que les mouflets matent goguenards, sans émoi particulier. Manque un peu de sel, des playmates en string léopard, des apollons à large poitrine, quelques tarzans sauteurs, un peu de farce savannière : un tigre qui fonce sur les tables, par exemple, un boa *constrictor* avalant le cuisinier...

La clientèle

Ouh là ! On pourrait venir en pyjama que personne ne trouverait à redire. Disons que les gens se laissent aller, mettent les coudes sur la table, « bouffent » en pilotage automatique sans passion ni séduction. Il faut donc y aller avec une sérieuse dose d'entrain et d'euphorie, sinon c'est franchement déprimant.

Et alors?

Pour les amateurs de consternance, c'est parfait : spleen dépressif garanti. Attention, pas de réservation, mais un double système de file d'attente un tantinet absurde et longuet, où l'on vous tend un passeport avec son lot de contretemps et d'incompréhension (« Ah, mais il vous manque le tampon, retournez au guichet. », etc.) propre au genre.

Faut-il y aller?

Non.

Est-ce cher?

Franchement oui, pour ce que c'est.

Rainforest Café
Disney Village - 77705 Marne-la-Vallée
Tél. : 01 60 43 65 65
Ouvert tlj de midi à minuit.

LEÇON N° 2

Comment réserver sa table au restaurant ?

Apparemment, rien de plus simple. Pourtant, régulièrement, vous vous retrouvez en train de vous ronger l'intérieur des joues. À l'autre bout du fil, un paon vous a proprement mouché. Pire, vous avez encore dans les oreilles son insolence claironnante : « Désolé, fit-il faussement navré, réellement joyeux, nous sommes complets, à bientôt. » Ah, le narquois plein de morgue ! Il y a trois jours, vous auriez eu droit à de la courbette, à des « je-vous-en-prie », des « comment-donc », et des « mais-c'est-un-plaisir ». C'est si *frenchie,* mais pas franchement agréable, n'est-ce pas ? Voici néanmoins quelques petites parades afin de garder la tête haute et de faire plier les petits.

Trouvez le ton juste, n'oubliez pas que le monde des restaurants est celui de la superficialité. Travaillez donc l'apparence, ça ne coûte rien. La vie est un jeu et on vous attend parfois là où vous ne songiez pas.

Pour la voix, baissez d'une octave, faites une voix d'enveloppé, de costaud, de notaire de province. Logiquement, cela impressionne favorablement le roquet de service. Respirez entre les mots, le standardiste aura le sentiment qu'il y a, à l'autre bout du fil, une bedaine à avoiner, une vie dans d'ultimes soubresauts argentés, du pourliche poussant entre les doigts.

Choisissez votre voix : évitez à tout prix les voix fluettes et sans assurance. Le milieu (nous ne saurions jamais suffisamment insister) est un univers plutôt moustachu, glorieusement poujadiste, macho années 1940 et disons qu'à part quelques tables délurées, les genres qui ne sont pas le leur ne sont guère en cours. Ça s'arrange avec le temps (cet univers hyper masculin se décille parfois de façon spectaculaire), mais en attendant, jouez la sécurité. Question voix, on peut faire dans le registre mannequin italien dans les restaurants à la mode, milliardaire texan dans les grandes tables, mais attention, certaines institutions se bouchent le nez dès qu'il y a trop d'« étrangers » dans leur salle.

Nous avions réservé dix jours à l'avance une table de cinq un samedi soir à neuf heures dans un restaurant à la mode. C'était clair, nous l'avions. Sauf que le jour dit, le patron, célèbre pour son assurance sonore, avait dû refiler notre table à quelques importants (des critiques, sans doute).

Voyant arriver notre groupuscule, il fit l'étonné (tu parles !). S'interrogea sur notre présence. Chaussa ses demi-lunes pour interroger les entrailles de son livre de réservation. Rien. Pardon ? Rien, il y a erreur. Interrogations urbaines puis la question à laquelle il ne fallait pas répondre : « Était-ce une voix d'homme ou de femme qui vous a répondu ? » De femme. « Ah, ah, fit l'illustre, il n'y a pas de femme ici, sinon je le saurais ! » Nous étions faits malgré notre bonne foi et son excellent mensonge.

Il y avait, je m'en souviens encore, un trousseau de clés près du livre de réservation. J'aurais dû l'embarquer, verrouiller le restaurant, ricaner derrière la porte.

Morale de l'histoire : bien broder, et si l'on vous ment effrontément, réattaquer bassement. À vous de jouer : *sit-in*, confiscation du livre de réservation, mini-scandale, rachat du restaurant...

De l'assurance ! Foncez droit dans le chou. Bien souvent, vos interlocuteurs ne se présentent pas. C'est tout juste si on ne les dérange pas. « C'est pourquoi ? » (Une livraison de charbon !), « Oui ? » (Non !). Ne tombez pas dans le piège : « Je suis bien au restaurant L'Hirondelle ? ». Pas de ça ! Bien sûr que vous y êtes, puisque c'est vous qui avez composé le numéro !

Soyez cependant sur vos gardes : même si le restaurant L'Hirondelle a changé vingt fois de propriétaires et de chef, les nouveaux locataires qui ont acheté la clientèle (c'est donc vous !) à prix d'or ne vont pas vous raconter leur vie, trop heureux de récupérer les miettes de l'adresse défunte : l'hirondelle s'est envolée, mais les tables restent libres. Si vous avez un doute, n'hésitez pas à questionner légèrement sur le chef et les spécialités. Parfois, on tombe des nues :

« Non, on ne s'appelle plus L'Hirondelle mais Tavola Mia. Ma, on peut vous faire du gibier ! »

Ne pensez pas pour autant que c'est dans le sac lorsque vous avez décroché votre table. Ce monde de la restauration que nous affectionnons tant est également un monde de doux mensonges (et de faux-culs de première).

Bannissez certaines expressions, du genre « manger, enfants, chiens, chaise roulante », le milieu est encore dur de la feuille dans ces registres. Il existe en revanche des mots qui font tilt comme « quatre couverts » (douze, c'est encore mieux). Logiquement, le préposé vous situera mieux.

Soyez ferme, clair, concis. Beaucoup de choses se jouent lors de la réservation. Si vous voulez une table près de la fenêtre, près de la vue, près de la patronne, dites-le clairement et fermement. Lorsque vous serez sur place, il sera trop tard. Pour que le message soit encore plus clair, demandez à partir de quelle date vous pouvez avoir la table sur le jardin. Pour ma part, je demande toujours une table tranquille, au calme. Elles ne le sont que rarement, mais lorsque l'endroit est bruyant, comme souvent à Paris, cela vous évite (logiquement) d'être pris en sandwich.

De la prévoyance... L'idéal (et ça, on ne le regrette jamais), c'est de passer avant au restaurant faire la réservation. Là, on se souviendra de vous, de votre attente.

Encore de la prévoyance ! À la limite, c'est peut-être le moment de préparer les vins avec le sommelier (réglez alors).

La Guirlande de Julie, délicieusement nulle

Quoi de plus engageant, un beau soir d'été, que de rejoindre la place des Vosges et ses élégances dénouées, sa bohème chic, sa quadrature ailée ? Un plaisir réel d'autant plus que vous aviez pris soin de réserver votre table dès la veille.

La réservation

C'est plutôt coton. On n'en prend pas en terrasse vu les désaffections constantes. Malgré tout, après quelques minutes de palabres, en jurant-crachant-confirmant, l'affaire était dans le sac : 20 h 30 pile. Tu parles, Charles ! Toutes les tables étaient déjà occupées, et bien sûr, le cahier des réservations muet. Par chance le directeur de salle passait par là et, dans un sursaut, constata que le cahier n'était pas à la bonne page. La bonne n'était pas mieux : toujours rien. Par chance, un solitaire accepta de se déplacer et trente minutes après nous étions assis.

L'attente

Une heure plus tard, nous avions les entrées. Dans un moment d'étourderie fatale, j'eus le malheur, avant qu'elles n'arrivent, de rappeler au serveur qu'on était venu pour dîner. C'est comme si on lui avait fait un pince-cul. Du coup, pendant tout le dîner, on hérita d'un traitement à la hussarde : assiettes plaquées lorsqu'elles ne nous passaient pas devant le nez, couverts balancés… Certes, c'est assez comique, mais *grosso modo*, c'est également désagréable.

Les plats

Ne croyez pas que ceux-ci vont dérouiller par la faute de l'accueil. Disons qu'ils héritent du même traitement cavalier de la maison. Ils ne sont pas méchants, ni mauvais, mais balancés, courant après leurs valises, s'engouffrant dans le taxi. Même les intitulés sont pépères, sans percussion : le croustillant de chèvre, le thon aux petits légumes. Bof… Une cuisine convenable mais lasse, ailleurs, essoufflée, vaguement jolie, mais terne, courte.

Le service

Nous n'avons pas eu de chance car si j'ai bien compris, nous étions, ce soir-là, dans la mauvaise catégorie : celle des clients. Drôle de race, imprévisible, assise, prenant son temps, choisissant, demandant un conseil... Ouh la la ! À la limite, c'est ennuyeux car, pour résumer, on « fait » ici « trois cents couverts/jour », *dixit* le garçon. Pigé ? Et les problèmes commencent dès qu'on demande une cuisson différente. À la commande, on fait

« Oui, oui », mais en cuisine, on a d'autres choses à faire (des couverts). Vous voilà donc dans des conversations surréalistes au-dessus d'une assiette que vous ne souhaitez pas. On la laisse à peine entamée, elle vous est débarrassée d'un air hautain et facturée plein pot. Vive la France !

Faut-il y aller?

Non, mais oh !

Est-ce cher?

Quand on est traité de la sorte, c'est toujours trop cher. Quant au pourboire, bernique !

La Guirlande de Julie
25, place des Vosges 75003 Paris
Tél. : 01 48 87 94 07
Ouvert tlj. Accueil jusqu'à 22 h 30.

LEÇON N° 3

Comment entrer au restaurant ?

C'était un soir d'hiver, j'étais pourtant bien réveillé mais lorsqu'un imposant monsieur m'a tendu la main, je la lui ai instantanément serrée. Pourtant, nous ne nous connaissions pas. Mais son allure, la célébrité de l'établissement, les marches, le hall... Il y a parfois une accumulation de détails qui vous font basculer dans un autre probable. Ce monsieur ne voulait pas ma main. Juste mon parapluie.

Voilà comment l'on rate son entrée au restaurant. Par chance, j'étais seul ce soir-là et l'établissement portait ses rayons en Savoie. Mais, la mémoire me revenant, je me demande si le même genre de mésaventure ne m'était pas arrivé chez Maxim's.

Entrer dans un restaurant est un art. Prenez votre respiration, restez serein, ne vous laissez pas perturber. Logiquement, c'est bien souvent à cet instant précis que l'établissement vous met la pression. S'il en existe de paisible, dans le genre, et notamment en France, le style est plutôt chien.

Sachez qu'une fois sur cinq, un aigri sommeille dans le personnel d'accueil. Les conditions de travail ne sont pas toujours marrantes, c'est vrai, mais il y a un style bien français pour vous faire comprendre qu'en fait le voiturier pourrait non seulement avoir les clés de votre auto, votre auto mais également votre femme.

Grand casino d'Enghien, je stationne l'automobile devant l'entrée, m'extirpe de la tôle, et entre souverainement en tendant les clés. Pfuit... « Monsieur, me lança un aigrelet, nous n'avons plus de voiturier. »

Martinez de Cannes, même scénario : « Monsieur, vous avez réservé ici ? » (Non, à la consigne SNCF.)

Hélas, fort de ces données, vous voilà tenu d'avoir l'œil et de tenir vos faux amis en respect. Jouez les importants, portez des regards directs, aimables, mais sans trop, les coquins auront vite fait de vous traiter comme de la voltaille.

Si on vous laisse en carafe, gardez votre sang-froid. Vous avez l'air d'une cruche pendant quelques minutes, les commis s'occupent du pain, vous n'êtes même pas une miette. Rassurez-vous, c'est un grand classique du genre. Parfois, il y a de bonnes raisons : le directeur de salle est au téléphone, coincé avec des raseurs. C'est la vie. En revanche, si on vous oublie, vous avez l'autorisation d'envoyer quelques jets de citron. Le maître d'hôtel arrive. Vous pouvez toujours lui glisser : « Mais je vous en prie, occupez-vous d'abord des clients. » Ou encore : « Faites comme chez vous, installez-vous à la meilleure table. » Vous verrez, ça va rappliquer fissa...

Localisez au plus vite le directeur de salle lorsque vous entrez dans le restaurant. Logiquement, il n'est pas habillé comme les autres. Mieux que ses clients en principe. En tout cas, pas comme le cuistot (qui, logiquement, est censé être au-dessus de ses casseroles), ni comme les commis, les stagiaires ou les chefs de rang. Normalement, il va à vos devants et vous demande si vous avez réservé.

N'oubliez pas qu'un bon directeur de salle doit se mettre à votre diapason. *Grosso modo*, il doit être gentil, accueillant. S'il vous prend de haut, vous avez le permis de chasse. N'hésitez pas à le déstabiliser. Soyez encore plus snob que lui, un brin cassant. Ce qu'il y a d'incroyable, c'est que vous hériterez en retour d'un vague respect de fayot et logiquement d'une meilleure table.

À retenir également : un directeur de salle compose sa table en fonction de la dégaine des convives. Si vous arrivez dans un grand restaurant en tenue trop décontractée, ne vous attendez pas à bénéficier de la plus belle table. C'est logique et naturel.

Pour ne pas avoir l'air d'un plouc (ça arrive plus souvent qu'on ne le croit), assurez-vous auparavant du *dress code*. La cravate est-elle obligatoire ? Le smoking, la tenue de ville, la veste sont-ils souhaités ? Dans la mesure où vous jouez le jeu, il n'y a aucune raison pour que les restaurants vous tourmentent. En revanche, il y a toujours des malins qui veulent prouver qu'ils sont au-delà des règles. Il y a suffisamment d'espace dans la vie pour qu'on ne vienne pas parasiter le brave monde des restaurants. Lorsque vous vous mettez en huit pour que le repas de votre vie soit le plus beau, ce n'est jamais agréable de voir des gommeux arriver en T-shirt, histoire de prouver la résistance de leur ego.

Si vous avez avec vous... un carton de douze bouteilles de vin, ou un sac de golf, il n'est pas indispensable de les traîner à votre table. Un vestiaire est prévu à cet effet.

Robert et Louise, la cheminée façon Deschiens

Parfois, avant de pousser la porte d'un restaurant, réfléchissez à deux fois. Prenez Robert et Louise, rue Vieille-du-Temple : les guides le contournent avec prudence, on sent presque le survol des pincettes, l'envol des guillemets. Pensez donc, une adresse brute de brut, échappée du temps, des normes, de tout. De quoi se congestionner ou se doucher de bonne humeur parisienne. Envoyez les plats ! Enfin, pas trop vite.

Robert et Louise

Deux anciens cahotant : lui avec une canne, arborant une surface paisible, ricanant aux taquineries ; elle patrouillant avec une bonhomie soucieuse, surveillant une marmaille d'impatients. Ils sont secondés par une petite équipe aux humeurs sinusoïdales. On demande gentiment un contre-filet au poivre inscrit à la carte : immédiatement un « Non ! » pas commode sort de la cuisine. Bon, d'accord, ce sera donc « grillé ».

Les clients

Des durs à cuire, des rigolos, des appétits solides, des *desperados* de la calorie et quelles trognes ! De vrais Parisiens dans leur jus, leur poilade titi, égrillards, gentils, tout doux. Beaucoup d'hommes pour des nourritures de Huns, des copains, des sérieux faisant un sort à un contre-filet, asséchant un flacon de brouilly en trois lampées.

Les viandes

Si vous êtes d'une nature délicate, autant passer votre chemin, surtout si on vous met à la table d'hôte, près de la cheminée. On est *grosso modo* dans l'arrière-boutique d'une boucherie. La barbaque est là, saisissante, à la fois superbe et pathétique. Elle traîne ici et là dans un joyeux bordel : factures de téléphone, vieux taste-vin, pots en étain... Parfois, il y a de quoi virer de l'œil, mais lorsque la viande arrive sur sa brave assiette de bois, on réalise qu'on est en tête à tête avec un morceau remarquable et superbement persillé. C'est presque un autre temps. La salade croque de fraîcheur hivernale, les pommes de terre sautées ont une belle noblesse rustique. Là, c'est parfait.

Le dessert

Du coup, assommé par cet artisanat touchant, on en vient à avaler tout ce qui se présente : pain, rillettes, fromages, tarte maison. Minute papillon ! J'enfournais allègrement ma portion de tarte aux pommes lorsque mon vis-à-vis sentit quelque relâchement dans mon attention.

C'est comme s'il y avait eu une fuite de gaz, une drôle de sensation. On vérifie alors tous ses manomètres : le banc sur lequel on est assis, le vin, l'eau, les voisins. Rien.
La tarte ? Pas possible ! Et si. Mauvaise en bouche, rance avec une petite touche délicate de… Comment dire ? Précisément, on ne le dira pas.

La cheminée

Oh, elle est belle tout au fond de la salle.
En fait, elle sert aux grillades et un colosse, ronchonnant pour le plaisir de tous, y glisse pendulairement de superbes viandes.
On dirait parfois une forge avec ses grilles, ses pinces et ses flammes écrasées sous la besogne.

Est-ce cher?

Ça va (comptez 200 F).

Faut-il y aller?

Moi, j'ai donné.

Robert et Louise
64, rue Vieille-du-Temple 75004 Paris
Tél. : 01 42 78 55 89
Ouvert tlj sf dim.

LEÇON N° 4

Comment choisir sa table ?

Ouh la, cela fait beaucoup déjà (la réservation, le stationnement et le voiturier, l'entrée, le vestiaire). Logiquement, lorsque vous arrivez à votre table, vous êtes presque sur les genoux. Et pourtant, c'est maintenant qu'il faut sortir toutes ses antennes. À présent, faites fonctionner votre petite paranoïa, vous verrez, elle va ratisser comme une malade, ce n'est pas plus mal. Car dans un restaurant, la moitié des tables ne valent pas un clou. Elles peuvent être dans l'entrée et l'hiver, ce n'est pas un cadeau.

Attention, on va vous diriger vers votre table. Ce moment est capital, car vous n'avez que quelques secondes pour la refuser. Après, ce sera un peu plus compliqué. Repérez tout de suite les éventuels parasitages. Et ils sont nombreux : porte des toilettes ou des cuisines, plateau de fromages, fumeur de cigares, haut-parleurs, orchestre, caisse, tablées sonores ou parfumées, collègues de bureau...

J'ai passé récemment toute la soirée à faire le portier dans un restaurant italien. Il faisait un froid de canard et entre les arrivées de 20 h 30 à 21 h 30 et les sorties de 21 h 31 à 22 h 30, j'ai dû me lever une trentaine de fois. Bah, au moins, on fait plus amplement connaissance avec la nature humaine. Il faut voir ça pour y croire, pas étonnant que beaucoup de citadins terminent misanthropes.

Donc, la porte, non. Dos à la porte, question *feng shui*, vous êtes alors en plein karma suicidaire.

Évitez également les passages. Les frôlements, ça va, ça fait partie de la vie parisienne, mais les coups de butoirs, je les laisse aux fêtes foraines, pas aux grandes tables.

La proximité des cuisines n'est bien sûr pas des plus indiquées. Certes, cela peut devenir des visions passionnantes pour ceux qui n'ont rien à se dire, mais tout de même, il ne faut pas exagérer.

Je me souviens encore de ce dîner au château de Rochegude (Drôme), le *Guide Michelin* réputé pour son flegme évoquait un mobilier et une immense cheminée créant une « ambiance féerique ». Autant dire que le matin même, je prenais mon shampooing hebdomadaire.

Mais le soir de la grand-messe venu, le maître d'hôtel me plaça dans l'axe d'une porte automatique en miroir qui s'ouvrait toutes les trois minutes. C'eut été parfait si la perspective avait été une allée de troènes ou une galerie des glaces, mais là, c'était un peu raide : office carrelé de blanc et, sous la lumière raide des néons, une admirable et authentique poubelle avec son sac plastique noir. Je râlai mollement, mais le maître d'hôtel me montra l'assemblée au garde-à-vous : il n'y avait pas d'autre possibilité.

En râlant vraiment, une table exquise sagement mise en réserve se libéra comme par magie. Comme quoi !

Évitez également les tables près des toilettes, mais sur ce thème, je ne m'étendrai pas. Quoique…

Soyez ferme, ne faites pas les évasifs. Refusez clairement et demandez une autre table. Logiquement, vous en récupérez une meilleure. Je fais presque toujours la même chose dans les hôtels. Et curieusement, la seconde proposition est nettement meilleure que la première. Comme quoi !

LEÇON N° 5

Faut-il rester anonyme ?

Voilà une question que l'on ne pose jamais aux journalistes gastronomiques. Tout simplement parce qu'avant d'être gastronome, il s'agit d'être journaliste. Et de se faire un nom. Que l'on se souvienne de vous. D'où le dilemme. Si vous embrassez la carrière, il faudra choisir : être la starlette de quartier ou alors disparaître sous la couette. Faut-il rester anonyme ? Bien sûr que oui. Mais l'idéal, c'est de pouvoir conserver cet anonymat. Rien n'est plus perméable : des amis bien intentionnés, des chefs perspicaces, des maîtres d'hôtel qui connaissent leur métier et vous voilà les ailes rongées. Certains de mes confrères s'amusent de ces enfantillages mais pourtant l'anonymat reste fondamental. Pourquoi ? Parce qu'il vous met dans une position que vous n'auriez jamais dû quitter sans les artifices de la gloriole. L'anonymat vous livre la vérité d'un restaurant, sa véritable nature, son genre et non ses artifices, son maquillage. Un critique reconnu, c'est aussitôt un discret cordon sanitaire qui se met en place. Personne ne le verra, mais dans la demi-seconde, vous héritez de la meilleure table, d'espace généreux, du meilleur maître d'hôtel, de larges sourires, des vrais suggestions. C'en devient même cocasse comme à la Tour d'Argent, où ce maître d'hôtel porté par la connivence donna une lecture de la carte pas piquée des hannetons : « Ne prenez pas ça, c'est pas terrible... Ça, c'est mieux... Ça, pas aujourd'hui... » Vous imaginez ce genre de discours tenu aux communs des mortels ?

Voilà pourquoi, selon moi, l'anonymat devrait être la règle. Pourquoi devrait ? Parce que régulièrement, une fois tous les deux mois, il m'arrive, notamment dans les grandes tables où je suis repéré depuis belle lurette, de connaître la situation inverse. C'est passionnant car je découvre un autre univers au bord de la perfection, celle que décrivent souvent les guides. Un paradis privé d'air et de repères. Ceux-ci vous reviennent dès que vous retrouvez la normalité. Les réservations sont longues, difficiles. On vous prend de haut surtout, extrême sadisme de la profession, surtout lorsque c'est complet. Ah, il faut les entendre claironner au bout du fil ! On sent sans trop de difficulté la morgue souveraine de ceux qui feront tapis rouge les soirs de disette. L'anonymat, c'est la vie avec ses vacheries, ses inattendus, son humanité, fût-elle veule, sotte, drôle, gentille. C'est tout bonnement ça.

Essayez au moins une fois l'ivresse foireuse de la reconnaissance (voir leçon n° 49 : Comment se faire passer pour un critique ?). Vous comprendrez alors pourquoi certains ne s'en lassent pas. Courbettes, meilleures tables, clins d'œil complices (« Nous sommes tous du même monde... » Tu parles d'un cadeau !), passe-droit, serrement de la louche du patron, portes qui s'ouvrent... Bouh, quelle danse ! Lorsqu'on se regarde dans le miroir des toilettes, on s'étonne que celui-ci ne nous brosse pas les pompes.

L'incognito est un muscle. Ou plus précisément un voile. Nul besoin de vous déguiser en sapin, beaucoup de réserve et de discrétion suffisent : profil bas.

L'incognito se borde. Vous présenter à la fin du repas ruine tout votre système. Le lendemain du papier, vous pouvez même retourner voir les effets : plaisir d'initié.

Évitez les pièges grosses ficelles tendus par la profession : venez me donner des conseils, venez en ami, oubliez le critique, venez simplement en famille...

Brouillez les pistes : changez les noms, ne soyez pas prévisible (dans la vie, ce n'est pas inintéressant non plus).

Fuyez systématiquement les cocktails, ou pire les jurys (pièges à notables), la reconnaissance, les honneurs.

Prenez goût à la chose, menez vos doubles vies. Ne vous perdez pas toutefois...

Ne vous inscrivez nulle part : clubs, associations, etc.

Vous voilà seul. Bravo !

Maxim's, miroir cruel

Rester anonyme vous met en tête à tête avec la réalité. Personne pour vous réinterpréter la musique : tout est vrai. C'est encore plus émouvant avec des tables d'émotion. Vous êtes dans l'un des plus fameux restaurants au monde, l'histoire un jour est venue ici, s'est installée dans d'admirables boiseries et miroirs, le monde entier s'est bousculé, agenouillé, prosterné pour décrocher une table, se faire reconnaître par le directeur de salle. Aujourd'hui, vous obtenez deux couverts dans la demi-seconde. Ce vendredi soir, la salle est à moitié pleine. L'orchestre jazzy joue avec application un air japonais mélancolique. Vous le reconnaissez, n'est-ce pas ? C'est « Kojo no Tsuki » ! Cela veut dire : la lune sur le château en ruine. Une femme bâille avec générosité sans mettre la main devant la bouche, deux hommes à ses côtés rigolent sur leur téléphone portable.

La carte

Nid de haricots verts et d'œufs de caille. Depuis quelques lunes, la cuisine ici popotait dans les majuscules, l'emphase, le n'importe quoi ampoulé : pas besoin de faire un dessin, les guides gastronomiques sont remplis de vacheries à l'endroit/à l'envers de Maxim's. Oh bonne mère, on a l'impression que leurs digues de vertu longuement canalisées par d'obscurs calculs se brisent avec une félicité sans nom ! Et pourtant, ce n'est pas mauvais. Le nid Maxim's de haricots verts et d'œufs de caille est joliment tourné, bien assaisonné, appétissant et correct.

Sole au vermouth. Lorsqu'on va chez Maxim's, il faut absolument choisir au moins un plat du répertoire. La sole au plat Albert au vermouth est assez gratinée dans son genre. Précisément, la chapelure s'étale sur la pauvre sole comme sur des épaules dénudées un soir d'hiver. Bien sûr, aujourd'hui, on trouve ça presque ringard. Considérez que c'est un plat de musée. Il nous parle d'un temps où les produits (les chefs aussi, pardi !) connaissaient leur summum dans la transformation, le maquillage. Ils avançaient « masqués ». Donc, la sole pionce sous les paillettes et l'ensemble est un peu lourd, suranné, mais gentil, attendrissant.

Soufflé maison. Je me souviens de la belle époque où un personnel arrogant vous massacrait avec cérémonie le soufflé maison. Il fallait voir ça : le soufflé était défoncé avec l'argenterie de la maison, débité dans les assiettes armoriées et se retrouvait déshonoré en monticules désobligeants. Aujourd'hui, c'est nettement mieux. C'est un vrai soufflé, champignonnant autour de son ramequin et délivrant d'authentiques parfums.

Le service

Ça, c'est nouveau, on est maintenant gentil. C'est à se frotter les yeux, à presque regretter la morgue d'antan. Bah, la solitude rend affable...

Le décor

Admirable, époustouflant dans son luxe raffiné, même si des détails témoignent de quelques mesquineries : la belle vaisselle a disparu, les cendriers armoriés sont à présent anonymes. Bouh, on se croirait à la Tour d'Argent avec ses salières en bois de chez Bricorama.

La clientèle

Formidable avec ses touristes, le mélange des latitudes, l'absence définitive d'élégance, des petits maîtres, des émerveillés se racontant des histoires.

Et alors?

C'est vrai, il y a de quoi râler contre Maxim's de ne plus être ce qu'il était, de s'attaquer aux doubles tentures, aux petits pois et pourquoi pas à la chevalière du maître d'hôtel. La cuisine est banale mais pas indigeste, elle manque incontestablement de carrure, d'allant, mais en fait, le procès qu'on fait à Maxim's, c'est le procès d'une époque qui s'entiche d'un Spoon, d'un bar à sushis, d'une annexe de chef. Reprocher à Maxim's son manque d'élégance, de beaux gestes, de belle clientèle est un jeu de miroir vachard, cruel : il n'y a pas (presque) plus de beaux gestes, d'élégances...

Est-ce cher?

La nostalgie, fût-elle cabossée, le rêve même désolé, ne se tarifent pas vraiment.

Faut-il y aller?

Oui, en jouant le jeu (essayez !). Un petit conseil : les touristes arrivant à l'heure du dîner (20 h), arrangez-vous pour réserver vers 21 h 30-22 h. L'ambiance se crée et surtout, vers 22 h 15, les lumières baissent et deviennent magnifiques.

Maxim's
3, rue Royale 75008 Paris
Tél. : 01 42 65 27 94
Ouvert tlj sf dim. Accueil jusqu'à 22 h 30.

LEÇON N° 6

Comment repérer les premiers pièges ?

Marketing faisant, les restaurants sont devenus d'irrésistibles pompes à finances, une véritable activité commerciale. Avant même d'avoir mis les pieds sur le paillasson armorié (cela dit au passage, rien ne vous empêche de vous brosser longuement les semelles sur les augustes initiales, ça fait toujours du bien) que déjà le voiturier vous a soustrait 50 F, lorsque ce ne sont pas les arrhes qui déjà s'activent joyeusement sur le compte du restaurateur.

Certes, on a parfois l'impression qu'une table est une expression de l'art de vivre et d'un certain humanisme : le chef sort sans sa mandoline dans les journaux, parle de convivialité, de joie de vivre. Mais à la fin, il faut payer les paillassons armoriés, la robinetterie doublée mohair, la 4 × 4 du fiston, les voyages d'études à la Martinique. Du coup, lorsque les saisons viennent sonner le renouvellement (supposé) des cartes, le chef en vient à interroger les entrailles de sa laitue. Le tiroir caisse commence alors son allègre danse...

Premier écueil : la zone de transit au salon. Aussi, soyez ferme dès le départ : restez en gyrophare, devancez les pièges et foncez droit vers votre table. Entre le moment où vous poussez la porte et l'arrivée de votre entrée, il va se passer au moins vingt bonnes minutes.

La dernière fois, c'était en Vendée, j'ai tout de suite vu le piège se refermer et par un prompt mouvement de rein, j'ai demandé la salle à manger comme l'on demande la direction des toilettes. Le personnel, voyant l'agité, m'a tout de suite dirigé vers ma table, c'était exactement ce que je voulais. Ensuite, longtemps après (au moins trente minutes), j'ai vu arriver les tablées à moitié pompette, la coupe de kir royal à la main, une faim de Huns, le pourpre aux joues, la grand-mère parlant déjà trop fort. Certes, les plats arrivent un peu plus vite (quoique) mais *grosso modo*, pour une tablée de quatre, vous voilà lesté d'au moins 400 F.

Le twist des intitulés. C'est bête comme chou, mais si vous proposez de la salade dans des assiettes de platine, il faut bien rentabiliser l'assiette. Voilà pourquoi, pour un grand restaurant, une salade « toute simple » arrive en nuisette brodée d'or. Jamais en petite tenue. Rentabiliser sa salade, c'est y saupoudrer de la truffe, de tout ce qui passe et porte beau. Dans le même esprit, on déniche des produits de faible coût, on fait twister l'intitulé (du style : « rouget barbet safrané à l'émulsion d'huile d'olive parfumée au thym »), on ajoute quelques symboles luxueux (premier de corvée : le caviar), et voilà l'addition qui arrive en odeur de sainteté.

Les abonnés absents. Attention aux menus d'appel où le chef ne s'investit pas, n'y délègue que des ailerons de poulet, pour vous récupérer sur la carte (voir leçon n° 7 : Comment lire une carte ?).

Coupez en deux : lorsque les entrées sont vraiment trop chères, ne vous gênez pas, commandez-en une seule. Logiquement, la salle comprend et vous sert des demi-portions.

Attention au vin au verre, lorsque la sommellerie est en pleine forme, elle vous glisse des « accords parfaits » à prix canon.

Prenez les choses en main. Lorsque vous avez à faire à de grosses machineries, racontez de gros mensonges : un avion à prendre, une arrivée au train... Allez-y, c'est permis et probablement pardonné tout là-haut. Dites que vous êtes déjà en appétit et que vous souhaitez débuter le repas au plus vite. Soyez clair, déterminé et logiquement le directeur de salle, qui ne veut pas avoir sa moquette percée par des mocassins gratteurs, vous traitera comme vous le souhaitez.

Je n'ai aucun mérite, cette mésaventure m'est arrivée dans l'un des meilleurs restaurants de France – Michel Guérard à Eugénie-les-Bains, pour ne pas le nommer. J'avais habillé mon cœur pour la fête, dûment réservé, retenu même une chambre, bref la totale ! Au déjeuner, pressentant la grand-messe calorique, j'avais fait très court, si bien que le soir venu, vers 20 h 30, un congrès de grenouilles se tenait sous la toile immaculée de ma chemise.

Dans toutes ces maisons, mieux vaut se laisser faire : vous avez devant vous des as de la réception, des professionnels du bonheur, on ne va pas tout de même apprendre à des masseuses comment remonter le mollet, n'est-ce pas ? Si bien que dès l'entrée, un gendarme déguisé en maître d'hôtel nous indique le salon où croupissait élégamment une assemblée shampouinée de frais et tenant en main d'immenses cartes. Nous étions donc bien dans un très grand restaurant. Dans ce genre de situation, on évite souvent de commander de l'Orangina ou un lait fraise : champagne ! Comme tout le monde du reste, baigné par cette fausse gaieté des gens mal assis, habillés de trop frais, chloroformés à l'eau de toilette.

Le temps passe. Un directeur vient prendre notre commande. Il nous fera signe dès que la table sera prête. Tu parles, trois quarts d'heure après, nous étions là, les mâchoires à 180°, prêts à bouffer tout ce qui passe. Enfin notre table est annoncée (en plein passage) et paf ! l'attente reprend pour un amuse-bouche mignonnet. Une heure quinze plus tard, nous commencions enfin à dîner.

Le Grand Venise, boum de chez boum !

Question pièges, on pourrait aller dans les restaurants à formule et leurs gentilles chausse-trappes. Mais sincèrement, si l'on doit tomber dans une fosse, autant que ce soit sur des javelots effilés par Hermès.

Rien qu'en poussant la porte du Grand Venise, dans le XVe arrondissement, vous avez au moins une certitude : vous n'êtes ni Chez Nénette ni au Petit Chose. Non, la dorure, la pompe et l'accent vous signalent immédiatement que vous êtes sur une autre planète. Un pays radieux, le sourire zippé aux lèvres, celui d'une félicité volontaire, arborée, trompetée : s'il vous plaît, Grand Venise...

Le menu

Apéritif. Vous êtes royalement assis à une vaste table. Un profond panier de crudités arrive dans la seconde. Les Rois mages suivent avec le sel (pardon, les sels !), des beurres, des pains. Pif, paf, pof ! La table est envahie comme l'étal d'un marché, un tableau d'Arcimboldo. Par chance, entre les fanes de radis, vous voyez encore la frimousse de votre fiancée. Celle-ci semble apprécier ce *remake* de Capoue.

La patronne surgit, avec une gentillesse à faire sangloter un peloton de gardes mobiles. Je l'imagine leur rentrer dedans comme dans du beurre, couper les matraques en rondelles et les servir sur le Plexiglas des boucliers. Mais l'heure n'est pas à la dispersion. Champagne d'autorité ! Mazette, je n'y avais pas encore pensé (je l'avais encore moins commandé), mais visiblement cela fait partie des mœurs de la maison. On ne s'imagine guère en train de faire les trouble-fête. Champagne dans d'immenses vases givrés, quelques gouttes d'élixir de framboise versées comme de la myrrhe. La dame est adorable. On voudrait l'appeler « Mamma », grimper en douce dans son arbre généalogique. Mais, bon, voilà les amuse-bouche.

Mise en appétit. Alors que vous avez presque dévalisé les crudités, les pains, les beurres, voici que débute le Pearl Harbour des antipasti. Ouh là, des plateaux entiers de parme, de salami divinement tranché. L'ivresse vous emporte. Vous regardez à droite, à gauche… Personne pour vous dénoncer. C'est parti ! L'appétit, vous savez, c'est une voiture sans frein. Placez-la au sommet d'une côte, style Grand Venise, et ensuite, attendez en bas : c'est pas triste. Têtes de hamsters congestionnés, hilares luisants, bouilles sphériques percées de petites langues roses. Mais que c'est bon de voir l'assemblée jouer les Sisyphe de la balance. Toute la semaine, nous avons gagné un gramme ici, trois là, escamoté trois desserts, vingt-deux cacahuètes apéritives, et boum, tout pète : cochonnailles, beurriers, pain, vin...

Plats. La grande roue des antipasti accélère. On voit parfois votre petite main faire coucou. Lorsque arrive la présentation des plats suivants. La chose se fait à cru, et ça c'est drôlement bien. Je ne sais plus si on vous présente le foie de veau tout luisant, mais c'est tout comme : poissons, pâtes en botte, ail sec, c'est tout juste si l'on ne vous donne pas l'acte de naissance du chef, le numéro du châssis de la cuisinière. On rigole, c'est vrai, mais imaginez d'autres restaurants présenter ce que, réellement, ils vous préparent en cuisine ; il y aurait de quoi. De quoi quoi, du reste ?

Desserts. Les plats furent à la hauteur, onctueux, parfaits, enveloppés d'allégresse. Mais, à la fin, vous réclamez grâce, un café et une brouette. Tsst, tsst ! Il y a quand même les desserts ! Histoire de voir, vous en commandez un pour deux. Rebelote, un magasin entier de pâtisseries s'abat sur votre table ; le jackpot d'un distributeur de Nuts. On vous suggère la glace caramel et, avant même de hocher vos lourdes joues, l'engin arrive : une sorte d'iceberg

échappé de Sugarland, un gros patapouf marron ruisselant de sucre mouillé.
On se frotte ce qui nous reste de paupières, le reste appartient au coma.

Le service

Gentillesse irradiante, mais knoutant discrètement en coulisses le deuxième rideau de serveuses (« Débarrasse-moi vite la deux ! »).

Le décor

Bonbonnière XVe (arrondissement) avec son falbala, son décorum style diapositives de vacances. Vastes tables confortables.

La clientèle

Béate.

Et alors?

C'est à peine si vous arrivez à composer votre code correctement, tant vos doigts semblent lourds. Du reste, vous souriez béatement à tout, en vous demandant comment vous allez vous lever de votre chaise. Vous vérifiez l'accastillage, la fermeté de la semelle, les fixations diverses, lorsqu'un petit « gratouillement » se produit du côté de votre portefeuille. Vérifions à tout hasard : boum de chez boum !
Vous voyez une armée de petits chiffres dans un garde-à-vous un peu trop fayot.
Voyons voir : les apéritifs « offerts » sont facturés 186 F, les eaux minérales non

commandées sont évaluées à 60 F et les plats commandés pour deux (l'entrée, le dessert) sont majorés de quelques dizaines de francs (mais là, ça passe). Bien entendu, tout s'arrange à la caisse dans des sourires divinement faux cul.

Faut-il y aller?

Je l'ai fait pour vous.

Est-ce cher?

Comptez 600 F par personne.

Le Grand Venise
171, rue de la Convention 75015 Paris
Tél. : 01 45 32 49 71
Ouvert tlj sf dim. et lun.
Accueil jusqu'à 23 h.

LEÇON N° 7

Comment lire une carte ?

Pour cela, vous n'avez pas besoin de moi. Enfin, presque. Pourtant, lorsque la carte arrive, on a souvent une grande envie : s'en débarrasser, commander les langoustines, la volaille, le vacherin, le café et paf, laissez-nous en paix, nous avions mille choses à nous dire, la vie à rattraper, un cœur à remailler, un regard à décocher. Mais je vous en prie, concentrez-vous vite fait sur la mappemonde, ne vous éternisez pas, sinon on s'englue, on ne sait plus ce qu'on veut. Faites comme au-dessus d'un vin, quelques pompes nasales et ding, vous avez votre idée. Pensez à votre faim, votre plaisir, votre silhouette. Essayez d'être prompt dans le genre, histoire d'avoir votre bon de commande avant les autres. Sinon, en cinq minutes, vous perdez facilement un joli quart d'heure. Lorsque votre choix est fait, hélez le maître d'hôtel. Attention, en début de repas, ils jouent souvent les évaporés, les pressés : index, toussotement de vieux monsieur, menton sauteur. Si vous avez le feu au derrière et que la tablée est mollassonne, prenez les choses en main (non mais !).

L**e plat « manquant »** reste l'un des meilleurs tests pour juger de la qualité du service. Vous connaissez le scénario. Vous construisez savamment votre repas avec un plat phare, une entrée plus légère, un dessert en harmonie, vous grattez la carte des vins pour trouver la bouteille suffisamment souple pour grimper tout ça. Et voilà notre pingouin qui vient se planter avec son carnet de contractuelle. Vous annoncez votre plat et boum, vieux classique rageant : « Ah, monsieur, il n'y en a plus ! » Le coquin le savait depuis qu'il avait refilé les cartes, mais par un jeu imbécile dont la restauration a le secret, il y avait une chance sur vingt pour que vous preniez le pigeonneau et son ramequin de fèves des champs. Ça, c'est non seulement pas malin, mais surtout très contrariant.

C'était au restaurant des Bains, à Paris, la célèbre boîte de nuit. À 21 h 30, il n'y avait pas un chat au restaurant à part quelques touristes impatients de découvrir les frissons de la nuit. J'en étais.

La carte était avachie dans son conformisme modeux mais, par chance, il y avait un plat du jour, un genre de poisson avec des légumes de saison. Quelle aubaine ! Lorsque la serveuse arriva, le repas était plié. Mais celle-ci nous annonça alors avec une candeur désarmante : « Nous sommes désolés, mais il n'y a plus de plat du jour. »

Cela reste encore une énigme...

La carte vous éclairera également sur l'état avancé de décomposition de la langue française. C'est devenu un tic chez les chefs : à défaut d'inventer (le dixième commandement redoutable de *Gault Millau*), ils se sont mis à jouer avec les mots. Passons sur les risottos (ou risotti pour les puristes) régulièrement déshonorés au basmati même auprès des plus grandes tables ; sur les mille-feuilles (dès qu'un produit est plat, il est bon pour le vocable) ; mais attendez-vous au pire avec les osso buco de lotte, les tartares de poire. Bouh ! Ça y va, à croire que le dictionnaire a été écrit à l'envers. Est-ce une raison pour sous-noter un restaurant ? Pas vraiment, mais disons que le jeu des mots, leur camouflage, témoigne non point d'un esprit d'embrouille, mais d'un flou pas franchement artistique derrière lequel les chefs au talent hésitant se cachent. Quand on joue avec les tempuras, les ceviches, sous couvert d'exotisme – et qu'on les loupe méthodiquement – il y a incontestablement une médiocrité patente. Le chef le sait bien mais il a appris à jauger son temps. Celui-ci est de moins en moins expert et avale franchement n'importe quoi.

Soyez circonspect dès que le chef commence à ouvrir les guillemets. S'il écrit « fraise » Melba, il y a tout lieu de s'inquiéter. Attendez-vous à tout (veau, vache, cochon). Au moins, lorsqu'il annonce « à ma façon », on peut être rassuré, son honneur et sa façon sont en jeu.

Consacrez-vous réellement à la lecture de la carte. Accordez-vous au moins une bonne minute.

Cherchez dans les coins, c'est souvent là que se planquent les menus à prix intéressants. Les coins, c'est également là que se nichent les plats du jour affichés à la va-vite. Logiquement, ils sont plus en forme que tous les autres plats, ils sont inspirés du marché.

Méfiez-vous des cartes imprimées à l'année. Une longue carte imprimée dans le marbre n'est pas toujours un très bon signe. C'est vrai, elles sont magnifiques, souvent ridicules dans leur format, mais une carte imprimée en début de saison obligera le chef à reproduire chaque jour la même cuisine, même si le turbot n'est pas au mieux, la langoustine dans le coton. Les nouveaux procédés d'impression sont suffisamment répandus pour qu'une carte puisse enregistrer les variations du marché et des humeurs.

Attention à la pénible danse des conditions restrictives des menus. Vous verrez, certains précisent même les horaires durant lesquels on a le droit d'en bénéficier. Après 22 heures, zou ! On bascule vers la carte et ses prix d'épicerie de nuit. Bien sûr, le week-end et les jours fériés, l'adorable petit menu s'est fait la malle.

Attention également aux braves roueries du style menus planqués ou inscrits en tout petit. Mon principe : plus c'est petit et mesquin, plus je suis lourd. « Mais vous n'aviez pas un menu pas cher du tout ? » D'habitude, il réapparaît dans la demi-seconde de peur que l'ensemble du restaurant ne soit pris de contagion.

Méfiance, lorsqu'on vous présente une carte ouverte, c'est toujours aux pages des plats les plus dispendieux. Regardez bien les pages précédentes et suivantes : logiquement, c'est là que se planquent d'admirables menus promotion.

Faut-il les suivre pour autant ? Bonne question. Certains chefs jouent le jeu surtout lorsque vous êtes dans un grand hôtel. *Grosso modo,* le chef est salarié plus gentiment et discrètement commissionné par les fournisseurs, alors comme le menu promotion ne sort pas de sa poche, il y va franco. En revanche, lorsque le chef est lui-même propriétaire, cela change bien souvent. À part quelques bienfaiteurs (ça existe plus qu'on ne le croit), le talent s'est mis aux abonnés absents car il évolue à la carte.

Je me souviens ainsi de cet excellent chef de la Rive droite qui, m'ayant repéré, vint en personne à ma table et constatant que j'étais au menu, me regarda, navré : « Vous savez, ce n'est pas là que je suis, laissez-moi faire. »

Et comment donc ! Morale de l'histoire : méfiance toujours.

S'il n'y a pas de menus promotion... ne décollez pas pour autant la couverture, demandez les petits menus. Vous verrez, on les oublie souvent.

Enfin, n'oubliez pas que parfois, les menus du jour ne sont ni planqués ni inscrits en tout petit ou sur un confetti baladeur. Ils sont ailleurs : dans la bouche du maître d'hôtel. Comment ça ?! Il va vous les expliquer « oralement ».

Paul Minchelli, le poisson cynique

Comment lire une carte ? Diable, il y a des fois où celle-ci est trop bavarde, trop simple, trop compliquée, trop distante. Précisément, c'est souvent là qu'un chef se découvre. Qui est-on si ce n'est celui qu'on nous reproche ?

Des adresses comme celle-ci, il doit bien y en avoir une pincée à Paris. On en aurait presque peur. Il y a là un patron-chef avec ses humeurs, ses têtes, sa réputation, ses prix. Même certains guides (*Michelin, Pudlo*) ont renoncé. Du coup, lorsqu'on arrive, on s'excuserait presque. D'ailleurs votre réservation n'a pas même été prise. On frémit, on se sent déjà dans la parenthèse. En dehors. Les habitués sont là, donnent de l'accolade, filent en cuisine. On vous fait lanterner. Bah, ce n'est pas grave, on a l'impression d'être chez un mythe, une légende. Un grand ? Oui, du reste le voici, jaugeant la tablée d'une œillade estimative. On se voit déjà rangé dans le reflet de sa prunelle entre ploucs et touristes.

La carte

Entrées. Bien sûr, ici, on est entre soi. Profond VIIe, loin des réalités et

des bassesses de ce petit monde. Tartare de bar (160 F) et encornets à l'ail et au piment (190 F), c'est formidable de simplicité. Enfin de l'assiette montant au front sans chichis, ni arrogance. C'est clair, net et précis. Certes, il y a un décalage assez coton entre la dimension snob, blasée de la clientèle et du cadre, mais les plats fendent le tout et se glissent bien.
On y croit presque.

Bar vert et solette. La simplicité, on en raffole. Il arrive même au patron de servir lui-même les plats, de desservir. On se frotte les yeux devant tant d'innocence, de pureté. On l'aiderait presque à décharger ses livraisons de la fourgonnette. Mais en France, il y a un curieux rapport avec la simplicité. On a l'impression que le mot suffit. On se croit déjà au spectacle. Une purée, une viande et nous voilà baba, pétrifiés de retour aux racines, à la terre, au pouce dans la bouche. Le problème avec la simplicité, c'est qu'elle constitue le début de tout. C'est la première note. Ici, c'est simple, mais le bar n'a pas été salé, la vapeur d'algues est beaucoup trop forte ; la solette reste transparente. Il y a comme un trouble. Alors que l'assiette devrait être le lieu d'une expression, d'une bataille pour un sens. Ici, elle est presque désertée, vacante. Le produit certes, mais on voudrait tant la suite, même le début du silence, du blanc.

Desserts. Au bout d'un moment, à force de gratter la vérité de cette adresse, on parvient bien à traverser la trame, le feuillet. C'est souvent dans ces instants anodins qu'une table libère sa vision des choses. À 90 F le dessert, on ne s'attend pas ici à se voir livrer des inventions insensées, des roulés-boulés de saveurs, des fureurs sucrées. Non, vraisemblablement quelque chose de simple, de dépouillé. Mousse au chocolat ? Et pourquoi pas ?! Le petit bol en verre presque terminé date du service précédent. Mais en grattant bien, le serveur parvient à loger une demi-quenelle dans la cuillère de service. C'est un peu court tout de même, alors il entame presque à regret un autre récipient. Le contraste est assez désarmant, mais qu'elle soit vieille ou récente, la mousse est tout simplement nulle, sans relief, banale, caverneuse. Toute simple quoi. On se trompe sur la glace à la vanille (c'est une glace au miel qui est servie) et probablement à dessein, tant elle est dépassée, refroidie, décongelée et récongelée.

Le service

Parfois cavalier et par à-coups gentil.

Le décor

Sage décor de yacht à l'amarrage.

La clientèle

Très belle, avec quelques célébrités venues

en chaussons (ce soir-là : Guillaume Durand, BHL, Arielle Dombasle), des habitués en roue libre venus se faire un petit homard au miel. Élégances dénouées, appétits légers babillant paisiblement.

Et alors?

Il y a chez Paul Minchelli une sorte de poésie absurde, un cynisme si parisien qu'il doit parfois connaître des étincelles formidables. Mais le chef ne rit toujours pas aux dieux. Le reste du temps, il sillonne ce petit monde qui doit le faire ricaner de désolation. Il est forcément capable de tendresse, de talent (quand ? pour qui ?), mais pour le commun des mortels, la réalité est plutôt rude. Cuisine d'apparente simplicité mais pas assez poussée dans la clarté (la lumière), comme coupée par un esprit rigolard (sa carte vaut le pompon : un peu lourde), ses gags éculés de potache vieillissant. Il semble ne pas être dupe, comme désabusé, ambivalent (simple/simpliste). Il y a chez les cyniques une dimension formidable (« capable et désireux de se mesurer à tout » comme l'écrit le romancier Fritz Zorn), mais également cet étrange malaise.
« Le cynique, dit Oscar Wilde, est un homme qui connaît le prix de tout et la valeur de rien. »

Est-ce cher?

Bien trop (700 F par personne).

Faut-il y aller?

Non.

Paul Minchelli
54 boulevard de la Tour-Maubourg,
75007 Paris
Tél. : 01 47 05 89 86
Ouvert tlj sf dim. et lun.
Pas de zone non fumeur.

LEÇON N° 8

Peut-on jongler avec les menus ?

Entre la carte et les menus, c'est toujours délicat. Parfois, le restaurant joue clairement le jeu, les intitulés sont clairs, les voies clairement fléchées. D'autres fois, on a l'impression d'être dans un village médiéval pastillé de sens interdits. Au bout d'un moment, on renonce, on prend le plus simple, le plus direct. En principe, les menus sont moins chers que la carte et spécifiques dans leur approche (tradition, régional, saison, légumes...). La carte, elle, propose des plats plus abondants, plus dispendieux. Certaines tables jouent le jeu avec clarté et honnêteté et s'adaptent à vos fantaisies si elles restent raisonnables. Avant de vous lancer dans vos arabesques, assurez-vous que le maître d'hôtel a le sens de la dialectique et un raisonnement doté d'une marche arrière, chose plutôt rare sur le marché. La réponse est souvent non.

Je me souviens d'une expérience croquignolesque à La Roche-Bernard, chez Jacques Thorel (l'Auberge bretonne) pour ne pas le nommer. La table est joliment réputée et à chaque fois que je glisse ce nom auprès des professionnels, ça ronronne de félicité. Totales louanges, moments exquis, le client est roi. Du moins, les amis. Lorsqu'on arrive incognito, la musique change. Dans cet établissement, comme dans de plus en plus de restaurants du reste, le menu n'est valable (lisez par là « obligatoire ») que si la tablée prend le même. Du coup, si vous n'aimez pas la gelée de porto au foie gras en plein mois d'août (ce qui peut se concevoir), vous voilà à l'index. Impossible de faire glisser des plats d'un menu à l'autre. N'y pensez pas, c'est comme si vous demandiez à mélanger l'alphabet pour construire un mot.

Quant aux plats à la carte, ils sont souvent pour deux, à part le homard (boum !). Imaginez le casse-tête chinois. Vous vous ouvrez à la maîtresse de maison. Rien n'y fait. Celle-ci s'agace de tant de manières. « Vous comprenez, fait-elle légèrement agacée, nous faisons cela pour faciliter le choix et faire plaisir aux clients. » « Mais notre plaisir... », rétorque-t-on. Imaginez la suite, les regards acides, les lèvres pincées. Nous n'avons même pas eu droit à un au revoir.

Sachez que dans un restaurant de bonne volonté, on peut glisser d'un menu à un autre. Un maître d'hôtel et une caissière ayant un peu de jugeote rectifieront toujours le tir (souvent à leur avantage d'ailleurs). Les meilleures maisons traitant leurs clients avec générosité sont plus nombreuses qu'on le croit. Faut-il encore susciter ce genre de vocations ! Soyez dans ces cas-là très très gentils, vous verrez, tout se dilue alors, tout devient plus simple. Si vous avez affaire à des embouchés, siphonnez dur...

La parade. Lorsque la situation s'embourbe, soyez encore plus bête... Au bout d'un moment, on vous prend pour un crétin, c'est bon signe ! Logiquement, en prenant les devants, en faisant preuve de grande douceur, de stratégies douces, on y parvient. Mentalement, c'est comme si vous retiriez une écharde du petit doigt d'un boxeur.

Entendu dans un grand restaurant de la place de la Madeleine à une table qui chipotait normalement : « Mais vous êtes venus faire la fête, ou quoi ? »

Et si vraiment ça ne marche pas ? Essayez encore d'autres ruses, contournez, amadouez... Et si, vraiment, vous avez affaire à un mur, levez-vous, façon plateau de télévision années 1970. Jetez votre serviette sur la chaise. Trouvez une phrase de votre cru, évitez la vulgarité, prononcez-la de façon assez sonore pour que les tablées puissent se marrer en douce. Sortez avec distinction et fierté. Après tout, un bon petit scandale lorsqu'on vous chauffe ainsi les oreilles, ça fait un bien fou. Pour ne l'avoir jamais expérimenté, j'ai en rêve une dizaine de tirades cuisantes qui me servent à m'endormir lorsque le sommeil ne vient pas. Un scandale, ça vous libère les amygdales, ça nettoie les cieux, ça éclaircit le regard. On devrait dire le fond de sa pensée au moins une fois par semaine. Certes, au bout du compte, son réseau amical est singulièrement cabossé, mais à ce que je sache, nos pieds ne sont pas des boulevards, la table n'est pas un pensionnat.

N'oubliez pas qu'un repas qui débute mal se termine mal. C'est presque mathématique. Les fautes s'accumulent, la table devient maudite, les serveurs l'évitent, vous êtes grillé. Quant au charme et à l'appétit, pfuit... ils se sont envolés !

Si vous avez choisi la solution de rupture, prévoyez vos arrières. C'est bien beau de faire le malin. Mais si c'est pour vous retrouver sur le parking en train de sangloter, ce n'est pas mieux. Réservez tout de suite ailleurs, rebondissez dans la demi-seconde et surtout, jouez grand et bien : transcendez votre soirée. Logiquement, avec un bon mental, cela se sauve.

Si vous êtes vraiment coincé, sabordez. Appelez Pizza express et faites-vous livrer au restaurant. Je ne l'ai jamais fait, mais rien que pour vous faire gondoler, je le ferai, c'est promis.

Chez Wanieck, interdit (heureusement) au public

Jongler avec les menus, c'est formidable. Mais lorsque l'on s'assied, on préfère s'amuser d'autres choses. Casse-tête, ®Rubik cube, jeu de patience... on n'est pas au jardin d'enfants. Rien ne vaut de temps à autre des tables où tout a été préparé pour vous.

Ainsi, parfois, à écouter les restaurateurs, les clients sont de trop. Si, si. Ils ne comprennent pas, sont radins, arrivent trop tard, ne sont pas assez élégants, pas assez ceci. Du reste, ils ne sont pas les seuls : les architectes lèvent les yeux au ciel lorsqu'ils remettent les clés d'une maison, les garagistes aussi, tout comme les vendeurs de chaussures, de papier à dessin, etc.

Imaginons donc des restaurants où le patron ne ferait entrer que les bonnes têtes et qui fermerait aux premiers rayons de soleil. Il n'y aurait pas de poignée sur la porte, pas de carte. Les rideaux seraient tirés, les lumières tamisées. On servirait quand le chef serait prêt. Arrêtez de vous gondoler, car cette adresse existe, rue Brancion. Je me demande encore

comment, après un furtif toc-toc,
on m'a ouvert la porte.

L'accueil

Il n'y a pas de mode d'emploi. C'est la loterie. La porte, répétons-le, est fermée. Ce n'est pas un club pour autant, et il n'y a pas de carte. Juste le museau, du moins ce qu'il en paraît, au-dessus des vitres aux rideaux tirés. Le patron avise, laisse rentrer la bleuaille, offre le coup. Ce midi-là, la salle était à moitié pleine de bons vivants. Les patrons étaient au mieux de leur forme, ils allaient fermer huit jours pour rejoindre leur maison dans le Lot.

La nourriture

Bistrotière avec son vrac de terrines (museau, foie gras, pâtés de tout), rillettes, harengs, lentilles, maquereaux. On vous donne un bâtard à découper au couteau et débrouillez-vous, un magnum – nous étions deux – de côtes du rhône atterrit dans la foulée, posé sur la table, comme le tampon d'un douanier et vogue l'amitié. Entrecôte vautrée dans l'assiette, comme un pacha en sofa avec ses petits coussins de pommes de terre sautées. Moutarde, poivre, une armada de couteaux plantés dans un socle et zou ! Musiques de guingois, rires et rigolades, carnations irradiées. Plateau de fromages cisaillé par les féroces appétits et puis, pour finir, une vasque pleine de mandarines. C'est renversant, non ?

Le décor

Imaginez (puisqu'on y est) Paris recouvert par un raz-de-marée. La préfecture boucle l'Île-de-France. Une police fluviale interdit toute plongée sous-marine. Parfois, des magazines fougueux décrochent des exclusivités. Nous sommes donc avec les caméras des plongeurs. Ville fripée, sous globe, dans son jus. Algues sur les feux tricolores, drapeaux flottant dans les courants, anguilles affolées, kiosques à journaux intacts. Dans la rue Brancion, une rame de métro propulsée par la déferlante a éventré un immeuble. Le temps a arrondi les angles, les griffures, la collision semble douce. Au numéro 75, la porte ne résiste pas trop. C'est ici.

Paris années 1960, intactes. Photos délavées de boxeurs. La garde rageuse, l'épaule déboîtée, voici Jean-Paul Belmondo, l'Aviatic Club, 1958. Sur les étagères bancales, un vieux casque de CRS noir scarabée, un drapeau tricolore, un poste TSF. Des photos encore, les banquettes, le chariot des terrines. Ouh là, quel coup de cafard ! On peut, malgré les bouteilles de plongée, s'asseoir sur les banquettes. Et se souvenir.

La clientèle

« C'était, raconte à sec ce bon bougre interviewé dans son exil, c'était de bons vivants, tribu en voie d'éradication, se laissant bouffer par leur bon plaisir ; des personnages de roman. Pas à la Modiano et leurs tangentes neurasthéniques, plutôt à la René Fallet, saucissonnant, rajustant leur pantalon, buvant un coup, rigolant, reprenant du beurre, du pain, du pâté, de la calorie, quoi ! Du bon sens, de la carnation, du rouge aux joues, du rire en gorge. Reprenant de la vie, la tartinant, l'étirant comme si elle allait bientôt manquer. »

Et alors ?

Quand on est chez Wanieck, on se pince. On se dit, on pense que… Et puis non, on laisse cet aparté sans trop réfléchir, ni même méditer, c'est un pur moment de vie, au bord de l'abstraction, entre irréel bon sens rustaud, poésie et appétit. On voudrait qu'il y en ait plus et puis non, la porte, son verrou, nous laissent penser que le public en voudrait plus : plus de mandarines, plus de jours d'ouverture, de cartes de crédit, de patates dans l'assiette. On en ferait un succès cynique, et même des chaînes. À force de brailler, de râler, le monde exaspéré basculerait, Paris serait engloutie.

Faut-il y aller ?

Ah oui, un beau jour…

Est-ce cher ?

On nous a demandé 200 F.

Chez Wanieck
75, rue Brancion 75015 Paris

LEÇON N° 9

Faut-il prendre les plats suggérés de vive voix ?

Ah, voilà un délicieux piège. À la limite, la réponse serait non. Ne serait-ce que pour apprendre aux maîtres d'hôtel à faire un peu mieux leur métier. Les malins font les paons au moment de prendre la commande. Vous venez de faire un bon travail d'harmonie lorsque le fier-à-bras annonce des plats formidables aux énoncés sans fin. C'est bien simple, lorsqu'on vous annonce « turbot rôti sur ses herbes à chat accompagné d'airelles revenues des champs aux aromates du dernier retour, de pommes des champs sautées en demi-lune sur sa rosace de rosevall poêlées à la minute », on n'y pige que couic et il suffit d'écouter les pauvres convives ressortir leurs bribes. C'est parfois assez poilant : « Je voudrais du chat... de la demi-lune... du rôti ». Le tout sur le regard compatissant du maître d'hôtel. Bien entendu, la canaille tient son monde.

Le véritable traquenard tient au fait que les prix ne sont jamais annoncés. Et pour cause, ils sont la plupart du temps plus chers que les plats à la carte. Du reste, vous vous voyez demander à brûle-pourpoint au maître d'hôtel devant vos convives : « C'est combien ? » Quoique, quoique... C'est bien dommage car ce sont souvent des plats pleins d'à-propos, de saison, d'humeur et de marché. C'est souvent là que le chef est dans son actualité. À suivre donc, mais attention à l'addition !

Que faire alors ? Si vraiment l'intitulé vous enchante, bon, allez-y. Mais dans les adresses travaillant du chapeau (haute gastronomie et autres lance-fusées), prenez les devants. Lorsque le maître d'hôtel distribue les cartes, demandez alors s'il y a des suggestions du jour.

Sachez, à cet égard, que pour les produits dits « nobles » (homard, truffe, caviar, turbot...), les prix seront tout de suite élevés.

LEÇON N° 10

Comment dépenser moins ?

Logiquement, on devrait se rendre au restaurant l'âme sereine, l'esprit pimpant, l'humeur allègre. Rien ne vous en empêche au demeurant dans certaines tables clémentes. Mais il en est d'autres où mieux vaut avoir un petit mirador qui surveille sans relâche votre addition. Du reste, comme sur les pompes à essence ou dans les taxis, il devrait y avoir un compteur sur les tables. Ce serait plutôt marrant car dès le départ, il y a une « prise en charge » masquée que certains avouent sans vergogne. « Quand un client pousse ma porte, couine un étoilé, il me coûte 370 F. » Il devrait fermer, cela lui ferait une grosse économie.

Disons que le faste, souvent en toc et daté, se paie cher. Les nappes, les couverts, les lustres, le tailleur de la patronne, le Montblanc du directeur de salle : rien n'est plus beau qu'une superbe tablée, un jardin foisonnant, des verres fins, mais la plupart du temps, on n'a pas tellement envie du bouquet de dahlias, de l'héliport et des cartes en plomb.

Sachez tout d'abord que dans les grands restaurants, il y a de petits menus très bien étudiés où le restaurateur joue le jeu. Profitez-en car souvent, il y a de belles trouvailles.

Évitez de prendre des plats énoncés oralement, ce sont souvent les plus chers même s'ils restent très appétissants. Curieusement d'ailleurs, ils semblent bien meilleurs que tous les autres (cf. leçon 9 – Faut-il prendre les plats suggérés de vive voix ?).

Faites l'impasse sur l'apéritif, dites que vous l'avez pris ailleurs ou encore que le vin du repas sera la meilleure façon d'ouvrir la soirée. En plus, cela vous épargne une bonne demi-heure de grand-messe (cf. leçon 6 – Comment repérer les premiers pièges ?).

De surcroît, lorsque vous êtes dans un grand restaurant, les gredins vous mettent immédiatement la pression avec un chariot de champagnes. Vous pouvez y aller, certes, mais sachez qu'on ne vous en indiquera pas le prix et que cette gentille cuvée spéciale (en rosé bien entendu) vous porte déjà, à deux, dans les 250 à 300 F.

On a l'impression parfois que les sommeliers vivent dans un monde fictif. Je me souviens d'un illuminé à Hong-Kong qui voulait absolument « faire goûter » à notre tablée une cuvée rare. Le champagne avait certes de la finesse, mais vous auriez vu l'addition, même en dollars c'était à sangloter d'effroi !

Repérez un plat phare et dégagez sur les alentours. Un repas dans un restaurant n'est pas forcément l'addition de foie gras, de homard, tournedos rossini et de vacherin glacé. Visez un plat qui vous enchante et déterminez une entrée qui saura vous mettre en appétit et jouer le faire-valoir de votre plat. Avec ce genre de construction, vous prenez plus de plaisir et allégez sérieusement l'addition.

À la limite, prenez deux plats et c'est tout. Une belle entrée, un plat principal, sans oublier le café car avec celui-ci, les mignardises (comme l'on dit si légèrement) constituent bien souvent un dessert à elles seules.

Pour les vins, dirigez-vous délibérément vers les petites appellations qui, depuis peu, sont souvent plus que valables à l'instar des languedoc-roussillon.

Abstenez-vous de cigares et de digestifs.

Prenez de l'eau en carafe, car vous n'êtes pas sans savoir que les bouteilles d'eau minérale voient leur prix multiplié de 7 à 10 fois, c'est l'un des postes les plus rentables du restaurant. Allez-y de votre blague vaseuse avec le personnel (un château la pompe, un clos de la source...), histoire de détendre l'atmosphère (plus c'est haut, plus ça gratte).

Si vous avez des habitudes dans des grandes tables, arrangez-vous avec le directeur pour bénéficier des tarifs d'affaires, il existe toujours un moyen de négocier.

Ne jouez pas les milliardaires avec les pourboires (cf. leçon n° 49 – Faut-il laisser un pourboire ?).

Dégriftour au Bourdonnais, la gastronomie à prix charter

Qui n'a jamais été tenté un beau jour de bénéficier de privilèges à prix réduits ? Cela fait partie des petits délices d'initiés. Et souvent, la réalité vient nous rattraper, vacharde, cruelle, cynique, vulgaire. Un vol charter, pourquoi pas ? Moitié prix : rendez-vous à 6 h 30 à l'aéroport (c'était il y a dix jours), finalement le départ fut donné à 16 h après un huis clos au terminal 9 de Roissy avec les Bidochon. La gastronomie, elle aussi, donne dans le genre et Dégriftour (spécialiste des voyages à prix réduits), suggère des grandes tables à prix alléchants. Alors pourquoi pas ?!

Préliminaires

C'est assez simple : 3615 Dégriftour sur le Minitel. Après cinq minutes de manipulation, vous donnez le numéro de votre carte de crédit dont on prélève 48 h avant la date le montant du dîner (1 000 F pour deux). C'est efficace : pas de maître d'hôtel hautain, de pimbêche snob. C'est extra, on peut même préciser les circonstances particulières du dîner. Ça tombait bien, c'était un anniversaire et quelques lignes permettaient de le signaler. Parfait pour la bougie sur le gâteau.

L'arrivée

« Vous avez réservé ? » (c'est toujours agréable). Et comment ! Duschmoll. Pardon ? D-U-S-C-H-M-O-L. Nous n'avons rien à ce nom. Douchmolle, Douche molle. Non, rien. Alors, il faut bien en venir au fait et lâcher le nom guère flatteur de « Dégriftour ». Ça fait un peu Toupourien, Paris à 10 F, Parisold, mais bon, il s'agit d'assumer. « Ah bon ? », vous fait-on, comme si vous aviez tutoyé le responsable des réservations. Nous sortons la paperasse honteuse, autant réunir 750 grammes de pièces jaunes. Après quelques minutes désobligeantes, deux strapontins nous sont décrochés, bonjour le romantisme !

Les plats

Probablement, la grande cuisine, ça doit être ça : des plats estompés, brefs, peu loquaces comme ces grands sages qui ne disent qu'un mot à peine audible. Il est question de ravioles de langoustines. Mais bon, lorsqu'on ouvre la raviole, on trouve de la roquette, la langoustine est exprimée en infusion dans la sauce. C'est pas grave, on est venu faire la fête. La daurade arrive en petite portion, mais celle-ci a basculé en route et a roulé dans un coin de l'assiette. C'est pas grave. Et *tutti quanti*. On a l'impression d'écouter des extraits de disque. On voudrait écouter la suite, mais il n'y a plus rien dans l'assiette.

C'est une bande annonce, une pochette d'allumettes publicitaire, un carré de chocolat, un bouton de chemise, un boulon de décapotable. Mais c'est pas grave puisque c'est une étoile au *Michelin*.

Et la bougie?

« Ah bon ?! », fait le directeur de salle, avec une indifférence amusée. « De toute façon, poursuit-il comme un chirurgien, on ne peut pas mettre de bougie sur une assiette. » Certes, certes. En tout cas, pas au Bourdonnais.

Le service

Minimal, s'occupant de nous à toute vitesse alors que toutes les autres tables étaient courtoisement traitées. Professionnel, c'est certain. Mais nul. En attendant l'apéritif, nous avons tout le loisir de faire roucouler l'argumentaire du prospectus Dégriftour : « [La propriétaire], est-il inscrit en lettres penchées, est une hôtesse exquise. Mais nos gouvernants savent que la cuisine est à la hauteur de l'accueil. » Certes. La dame en question, pourtant dans l'entrée, ne nous a même pas vus, ni salués. Il y a probablement une autre clientèle à traiter, celle dont elle lustre les tweeds et malaxe les coudes. Tout juste inspecte-t-elle notre salle, sans bonjour ni bonsoir, histoire de vérifier que l'on ne cravate pas les cendriers et les bougeoirs. C'est pas grave à la limite, car le maître d'hôtel va

« essayer de s'arranger ». Le menu claironné dans le courrier n'est plus valable. C'est pas grave, n'est-ce pas ? Nous sommes venus célébrer un anniversaire dans un grand restaurant et même si la salle ressemble à une caravane tapissée de rideaux, avec une tablée sortie d'un *soap opera*, notre cœur ne demande qu'à faire boum-boum.

L'ambiance

Sincèrement, il faut être maso. D'accord ?!

Et alors?

Par chance, la table voisine avait droit au même menu que nous, facturé 380 F, sans les vins, le café et l'apéro, ce qui anima immédiatement à notre tablée une jonglerie navrée. Pour notre part, c'était 500 F avec un vin mystère – un graves de 1994, paraît-il – qui nous fut servi déjà carafé (!), sans même être goûté (heureusement, il était rêche et vert), ni même annoncé. Alors, l'éconocroque... Vouloir faire des économies dans le luxe, c'est acheter ses Vuitton à la frontière italienne. C'est comme regarder un film porno en le trouvant vulgaire. Qui sont en fait les vulgaires ? (Nous).

Faut-il y aller?

Oui, en payant plein pot et en se faisant passer pour un député. Mais bon, ça, c'est franchement pas la fête.

Est-ce cher?
Sincèrement, ça fait un peu mal, non ?!

Dégriftour
Par le Minitel : 3615 code Dégriftour.

Le Bourdonnais
113, avenue de la Bourdonnais
75007 Paris
Tél. : 01 47 05 47 96
Ouvert tlj. Accueil jusqu'à 22 h 30.

LEÇON N° 11

Comment se mettre en appétit ?

L'appétit, c'est comme un emploi du temps : ça se gère. C'est un curieux muscle qui demande à être préparé. Deux ou trois jours avant un bon repas, votre estomac devrait se régler, lever le pied, éluder, bifurquer, emmagasiner du désir. Un bon repas, cela s'anticipe. On y pense, on s'habille le cœur, comme – toute comparaison gardée – un rendez-vous amoureux.

C'est pitié et désolation de la tête d'entendre ces marathoniens des trois étoiles revendiquer fièrement leur tour de France en douze jours. Un c'est formidable, deux pourquoi pas, trois c'est le début de l'imbécillité, à moins de vouloir périr à la graisse et au sucre. Personnellement, je vais une ou deux fois par mois dans un grand restaurant, plus c'est trop. Ces tables hors du commun, au bord de l'absurde, méritent l'attente, un probable recueillement, en tout cas une réelle concentration. On fait de la haute gastronomie un usage parfois étrange. On y invite pour des prétextes futiles, on y parle affaires, on commande une salade chez Senderens, un œuf à la coque chez Gagnaire. Autant aller éternuer dans une cathédrale...

Alors, comment préparer son estomac ? Certainement pas avec les amuse-bouche, qui peuvent être les pires choses de la terre. Néanmoins, à l'attention des têtes en l'air et des estomacs espiègles, voici quelques trucs de pro pour relancer la machine.

Rien de plus désolant que d'arriver dans un bon restaurant l'appétit en berne, l'estomac en capilotade. C'est imbécile. Ayez le courage ce jour-là d'annuler.

Le jour même, si c'est un dîner, autant déjeuner très légèrement, boire de l'eau. L'idéal, c'est d'arriver à table avec une bonne faim, ce devrait être la politesse élémentaire des convives. Rien de plus triste que des invités sans appétit, debout sur les freins, commandant de la salade, un poisson grillé, un yaourt, refusant le vin.

L'après-midi, buvez de la sauge ou du thé vert. Vers 18 h, prenez un grand citron pressé chaud avec du miel et vous retrouverez des canines de junior. Terminez toujours le dîner sur une note chaude : infusion de tilleul, anis étoilé.

En fait, c'est tout au long de l'année qu'on entretient son appétit. Buvez beaucoup d'eau (un litre et demi minimum par jour), ayez une bonne hygiène de la bouche, jeûner au moins une fois par mois et faites du sport régulièrement. Une hygiène de vie tonique est sans doute le meilleur des apéritifs. Rien ne vous empêche du reste de vider de grands millésimes, de saucer comme un désespéré, de reprendre de tout. Il s'agit simplement de gérer par la suite, faire régulièrement une diète, drainer le foie (les herboristeries ont d'épatantes préparations), agiter notre bonne vieille carcasse pour que, le jour venu, ce soit un vrai repas de fête. Le gastronome devrait être bien dans sa peau, l'entretenir comme une limousine qui avalerait des montagnes. Cheveux, épiderme, vêtement, le repas se joue à tous les instants. Si le chef se donne, le convive devrait apporter le meilleur de lui-même.

Pensez un mental. Désirez.

LEÇON N° 12

Faut-il juger un restaurant sur son pain ?

C'est souvent le premier signe adressé par les cuisines. Celles-ci ne mesurent pas toujours son importance.

Il y avait face à moi un sacré loustic qui m'écoutait pérorer sur un restaurant. Et ça y allait dans tous les sens, lectures transversales, analyses fouillées, angles pointus, rétropédalages historiques, coups de loupe vigoureux, recul zoomé. Autant l'avouer, plus cela paraissait brillant, plus notre homme rigolait dans une barbe que du reste il ne portait point. J'ai bien senti un instant quelque ironie dans le regard mais que voulez-vous, la carriole était dans son embardée. Le sens ruisselait et dans ce genre de situation, on ne regarde pas trop.

« Et le pain ? coupa notre lascar.

– Le pain…

– Oui, le pain, comment était-il ? Bon, moche, chaud ?
– Ben...
– Ben quoi ?
– Je ne l'ai pas goûté.
– Comment voulez-vous porter un jugement sur un restaurant dont vous ne goûtez pas le pain ? Sincèrement, votre démonstration, aussi intéressante soit-elle, ne vaut pas un clou. »
Ouh la, j'ai pris cela en pleine poire. Le bougre avait raison. Cent fois raison.

Si vous y prêtez un tantinet d'attention, vous verrez que le pain, c'est la clé du restaurant. Il vous ouvrira sur le sérieux, le professionnalisme, la gourmandise du restaurateur. Certes, un mauvais pain ne signifie pas un mauvais restaurant. Mais bon, lorsqu'on a réuni l'argenterie, l'héliport, des additions à quatre chiffres, la triple moquette, il semble bien étrange d'être quelque peu distrait sur le pain. Pas vrai ?

Que penser d'un restaurant qui fait lui-même son pain ? Bah, de toute évidence, cela part d'un bon sentiment. Mais sincèrement, si c'est pour faire aussi mal qu'un mauvais boulanger de quartier, autant laver la voiture des clients, cela leur fera plus plaisir. Certains se compliquent la vie, se polluent les nuits à essayer ce qu'un honnête professionnel met des années à maîtriser. *Grosso modo*, chacun son métier. Bon, c'est vrai, il y a bien ce côté sentimalo-neu-neu à proposer le pain tout pas bon mais fait à la maison. Pendant qu'on y est, autant mettre la belle-mère à la caisse, les dessins du petit sur les murs de la salle à manger, les premières sacoches de sa Mobylette dans le hall d'entrée. Il y a un public pour ça, mais ce n'est pas forcément le meilleur.

À propos, qu'est-ce qu'un bon pain ? D'abord, n'y touchez pas, regardez-le seulement. Concentrez-vous quelques secondes. Observez-le avec attention. Un bon pain doit être avenant. Ça veut dire quoi ? Ça veut dire qu'on a envie de le prendre en main et de le rompre. Il en existe de très jolis mais qui gardent leur distance, jouent les pimbêches. Ils sont tellement beaux qu'on n'a pas envie de les rompre, mais de les regarder. Parfois, ils sont bons. Pas toujours.

Regardez encore : la croûte ne doit pas être trop régulière, ni la forme. Si vous préférez, lorsque le pain présente une petite grille alvéolée, en forme de nid d'abeille, ce n'est pas toujours bon signe. Il sort d'un four à chaleur rotative, le pâton a été stocké sur une résille. Hélas, les fours rotatifs se multiplient. On peut y enfourner et programmer 150 pâtons et plus. Ils demandent moins de main-d'œuvre et laissent plus de liberté au boulanger.

Sachez que les meilleurs pains sortent des fours à sole. Selon l'avis des professionnels, ils garantissent la vraie cuisson et pour cause, les pierres surchauffées délivrent une telle chaleur que la pâte « explose sauvagement » et délivre l'alvéolage magique du pain : des alvéoles irrégulières, pittoresques, témoignant d'un bon démarrage de cuisson, ainsi qu'une croûte irrégulière elle aussi.

Quelle couleur ? Je m'étonne souvent dans les boulangeries d'entendre les clients demander du pain « surtout pas trop cuit », comme si la cuisson allait apporter une sorte de surgras imaginaire, allait alourdir ce que la blancheur semble évoquer d'allégé. Mais sincèrement, un bon pain s'exprime cuit, voire très cuit. Il y a même des malades qui l'aiment au bord du brûlé. Accordez-leur beaucoup de compréhension et vouez-leur une certaine révérence, ils savent très bien ce qu'ils font (avec un bon beurre salé, c'est à aboyer de plaisir).

Maintenant que l'œil s'est servi, place à l'oreille. Fermez les yeux. Prenez le petit pain dans la main et pressez-le doucement en le portant près de l'oreille. Logiquement, il doit résister un petit peu avant de craquer délicatement. S'il s'enfonce, c'est que la cuisson a été molle, pas assez violente. Autant dire que le pain est loupé.

Et le nez ? Diable, vous avez tout compris : ouvrez-le sous vos narines. Sans pour autant jouer les monsieur je-sais-tout, vous pouvez au moins dire s'il vous plaît ou non. Certaines fines gueules arrivent à situer l'odeur sur la gamme des acides, du cru, et à localiser la présence des levures. Personnellement, je n'y arrive pas. Je suis trop distrait et souvent emporté par l'appétit.

Chez Raymonde, aussi bien que Lasserre

Parfois, dans un restaurant, il faudrait oublier sa grille de lecture, sa loupe d'inspecteur, son sifflet de flic, oublier le croustillant du pain et préférer celui des choses.

Lorsque les rideaux rouges de la vitrine se sont baissés pour le début de la soirée, j'ai bien cru qu'on allait jouer un film des années 1960. Tout y était : le quartier (l'Est parisien), les acteurs (une bonne pincée de soixante balais), la musique à la Verchuren, le menu beaujolais (à volonté). Ne manquait plus que des *404* mal garées, les poches de Roger Lanzac, les nouveaux francs. Et puis non, l'accordéon s'est mis à soupirer, comme si les poumons lui faisaient mal. C'était juste un trop-plein de sentiment, de bonne humeur et de gentillesse, la soirée pouvait s'embarquer.

Surgissant de la cuisine, le sculptural chef vêtu et toqué de blanc emporta dans une valse l'adorable serveuse pour une danse coquine, canaille, si parisienne. Cela appartient sans doute aux grands moments de la restauration parisienne, avec l'ouverture du toit de chez Lasserre, la voix à la Fantomas de Claude Terrail à la Tour d'Argent, le pull de Jean-Yves Bouvier au Korova. La salle ne tarde pas à suivre. C'est émouvant, épatant : on a l'impression de voir la vie privée de ses parents.

Le menu

Oh, ne vous attendez pas à la démonstration, à la roue de paon, au grand bouleversement ! Non, juste une soupe de potiron, un petit salé aux lentilles, une tarte à la rhubarbe, le tout servi avec du pain et, ce soir-là, du beaujolais nouveau à volonté (il en faut beaucoup). À la limite, on serait tenté de dire qu'il n'y a pas de chef (surtout qu'il ne prenne pas cela mal !), pas de plats démonstratifs, pas de clients, mais une assemblée embarquée dans la nuit.

Le décor

Petite guinguette urbaine avec ses rideaux pourpres canailles.

La clientèle

Tout sauf snob, elle rappelle que la gaieté (comme du reste l'appétit) reste souvent quelque chose de populaire. Un peu plus haut, on ricane et on mange du bout des lèvres. Là, on sauce, on mange, on boit, on se lève pour aller danser. Certains sont comme des petits trains de montagne qui cahotent avec bonhomie ; d'autres sont comme un saphir sur la surface du disque.

Il y a des moments magiques lorsqu'une cavalière glisse dans l'oreille de son cavalier « C'était super... » C'est dit avec une tendre voix d'adolescente, on en pleurerait s'il n'y avait l'accordéon et son pathos de rire et de songes, ces ritournelles accumulées, incantatoires comme s'il fallait bien retenir ce qui se passait, retenir la vie et ses embardées. C'est chou ! C'est mignon !

Et alors?

On ne voudrait plus quitter l'autocar. On a les yeux et les joues qui piquent (l'émotion, le beaujolais), les détails vous engloutissent : les traces de cuillère dans une sauce anglaise, c'est comme une luge à Combloux. Les bougies s'agitent, même les ombres se mettent à danser. Et on est là, comme des crèmes : renversés.

Faut-il y aller?

Faut-il vous prendre par la main ?

Est-ce cher?

150 à 200 F

Chez Raymonde,
dîners dansants
119, avenue Parmentier - 75011 Paris
Tél. : 01 43 55 26 27
Réservez, il n'y a qu'une douzaine de tables.
Après-midi dansant le dimanche.
Évitez de venir pour mater.

LEÇON N° 13

Comment composer avec la sommellerie ?

Dans toute confrontation, il faut avant tout se mettre dans la psychologie du personnage. Rassurez-vous, ce n'est pas trop compliqué. Vous écartez d'abord tout l'attirail digne d'une cave de sadomasochiste : chaînette, tire-bouchon, couteaux, taste-vin en pendentif. Le sommelier, même s'il est vêtu de noir, n'a rien d'un *hell's angel*. Même s'il a singé la soutane des curés, il n'a rien d'un cardinal.

Sachez-le, outre celui de sa cave, il existe un autre excédent qui rend pénible la vie (et la présence) du sommelier : son trop-plein de mémoire. Par une curieuse pliure de l'esprit, encouragé par d'innombrables concours, le sommelier est une bête. À concours, s'entend… Sa mémoire est surchargée de toutes les appellations du monde, les cépages, les millésimes, les terroirs, les coteaux, les ruisseaux. Cela pourrait faire un déroulement fort poétique de la chose, malheureusement, la boîte crânienne a des limites et à part quelques êtres d'exception, la sommellerie souffre de vinocéphalie. Les sommeliers savent tout, même à dix-sept ans. Donnent l'impression d'avoir tout bu, tout vu.

Ne vous laissez pas impressionner, c'est souvent de la science sans conscience, de la récitation de certificat d'études, du kilomètre de mots. Jetez un gramme de doute et le château de carte s'écroule. Rares sont les sommeliers d'émotion, mieux d'écoute : ceux-là, laissez-les faire. Quant aux autres, tenez-les bien à distance grâce à ces quelques conseils qui calmeront les incendiaires.

Revenons tout d'abord à la cave. Un sommelier hérite souvent de celle de son prédécesseur. Son premier réflexe, c'est d'abord de l'ignorer, de vider les caisses de son employeur pour refaire sa cave, avec ses producteurs, ses chouchous, ses protégés. On pourrait penser que ce n'est pas un mal d'oublier un vin. C'est vrai, cela les fait vieillir. Le problème, notamment dans les grandes villes, c'est que les vins sont mal conservés. Des vibrations de métro, une hydrométrie farfelue, des odeurs pénétrantes et vous voilà avec des vieillards acariâtres, bouchés, pénibles, aigris. Ce n'est pas bon du tout. C'est précisément là que le sommelier fait intervenir toute sa science. Il faut le voir se prosterner devant le temps, parler presque à voix basse, comme s'il craignait de réveiller la bouteille. Du reste, il serait amusant d'écouter toutes les récriminations d'un grand vin, malmené, stocké à la va-que-j'te. Par chance, on leur a coupé le sifflet. Pas celui du sommelier qui, contrairement aux prix pharaoniques, avance sur la pointe des pieds. « Diaphane », « filet de voix », « expression rare », « l'aristocratie », « le fruit dépouillé »... Tu parles ! La bouteille, bien souvent, arrive exténuée, aphone, à moitié morte, faisant sous elle. Il ne reste plus rien. Juste des souvenirs lointains. La bouteille est indéchiffrable, mais impérieuse avec sa voix cassée, ses arômes cabossés. Elle a perdu toute sa dignité, mais grâce à d'habiles chenapans, elle va connaître une résurrection inespérée, des funérailles en grandes pompes.

Ça, c'est pour les grandes vieilles bouteilles, facturées à cinq chiffres. Ça peut passer encore dans la colonne émotion pour trois vieilles pierres. Il y a des amateurs pour cela, aussi fortunés qu'imaginatifs. Remercions-les. Mais le problème des vieilles caves mal gérées, ce sont les bouteilles qui ne valent pas un clou. Le sommelier les a snobées, oubliées avec superbe jusqu'au jour de l'inventaire. On est alors tombé sur ce vieux stock de nuits-saint-georges achetées dans on ne sait plus dans quelle embrouille. Elles datent de 1975, et sincèrement, elles ne valent plus rien. Elles sont mortes depuis belle lurette. Il ne reste qu'un filet violacé. Aucun mot, aucune musique. Une symphonie muette, un chanteur sans cordes vocales. Logiquement, toute table digne de ce nom devrait la refuser. Par chance pour le restaurateur, le sommelier, même s'il sait qu'elles sont bonnes, va mettre un point d'honneur à les fourguer.

Ouvrez l'œil. Le sommelier dispose de petites fenêtres aménagées dans sa carte : les promotions du mois où figurent certes d'authentiques affaires mais où dorment également les vieux coucous. Il y a aussi la page « Vieux millésimes » : méfiance toute, sauf si les prix sont bradés et si le sommelier vous inspire.

Méfiez-vous aussi des suggestions lancées au détour d'une discussion. Là encore, si l'oiseau de noir vêtu vous semble un peu trop roublard, mettez le coude sur le dossier et embrayez la marche arrière.

En revanche, de vraies pépites se cachent parfois dans de longues et fastidieuses cartes (souvent en province du reste). Regardez notamment dans la colonne des vins liquoreux ou des vins divers, on y trouve de temps en temps des bouteilles dont plus personne ne veut. Dans les vieilles cartes, cherchez les bouteilles qui n'ont pas changé de prix.

> J'ai le souvenir d'avoir localisé, du côté de Tours, une bouteille de rieussec à 350 F qui me fit changer toute ma commande dans la minute : foie gras, roquefort, tarte Tatin et le dîner fut épatant.

N'oubliez pas que les sommeliers vous dirigent systématiquement vers les « belles » bouteilles, c'est-à-dire les plus chères. Ayez toujours en tête des repères pour jauger la carte des vins d'un restaurant. Sachez qu'il existe en la matière ce qu'on appelle un coefficient multiplicateur. Il correspond au prix de vente à la cave multiplié par le restaurateur pour dégager son bénéfice. Il tourne souvent autour de 3. Mais certaines tables n'y vont pas avec le dos de la cuillère : 4, 5 voire 6 pour les petits vins. Gardez en mémoire des prix raisonnables : pouilly Ladoucette 220 F, cristal Roederer 600 F, muscadet 140 F. Au-delà, c'est toujours trop cher, ce qui est assez fréquent dans les « grandes » maisons où la verrerie, la sommellerie, le stockage, la mise en scène aiment se rappeler à votre bon souvenir en se laissant facturer de la sorte. Boire de grands vins au restaurant reste donc un exercice fort dispendieux (chez Passard, à L'Arpège, c'est quelque chose).

À La Roche-Bernard, à l'Auberge bretonne, une jeune sommelière nous embarqua immédiatement vers un flacon à 800 F. Facile. Comme je toussais légèrement et que la jeune diplômée ne pigeait pas, j'ai dû, devant mon invitée (je ne vous dis pas l'effet), dire tout bêtement que c'était « trop cher ». Réponse de la bêcheuse : « Mais quel est votre budget ? » Heureusement que la compagnie était de bonne étoffe, sinon, il y a de quoi sangloter sur la délicatesse de la sommellerie.

Sondez la sincérité du sommelier. Attardez-vous dix secondes à croiser son regard, sonder les intonations de sa voix. Parlez-lui, en deux-trois minutes vous avez localisé le lascar.

Méfiez-vous de ses vieux coucous.

Si la carte est muette sur les millésimes et le nom des propriétaires, n'insistez pas.

Restez souple pour vous accueillir une bonne affaire.

Si le sommelier est obtus, alors soyez mufle, odieux et découpez la page suivante...

LEÇON N° 14

Comment snober un sommelier ?

Le sommelier vous a chauffé les oreilles ? Voici quelques petits trucs pour lui remettre les pendules à l'heure.

Choisissez un vin que vous connaissez par cœur. Laissez courir le paon et à la première erreur (ça vient toujours), enfoncez le malheureux.

Soyez faussement pris d'un doute lors du choix et prenez le sommelier à témoin : « Rassurez-moi, ce vin est de coteau ou de semi-coteau ? »

Il fait le fier, attendez-le au tournant et jouez au jury d'examen. Un mauvais décapsulage, une goutte sur la nappe, arrêtez net la discussion : le fâcheux est déstabilisé pour le restant du repas. Vous êtes en charmante compagnie ? Étonnez-vous que Madame ne goûte pas la première.

Humez, puis marquez un brusque recul : « Nez de douelle, ça recommence. Mais que fait donc ce bougre de Pierre ?! » Attention, souvenez-vous au préalable du prénom du maître de chais.

Prenez l'air d'un inspecteur Colombo en début d'enquête et demandez-lui tout à trac : « Mais, dites-moi... Ce premier cru, il est vendangé à la main ou à la machine ? » Perplexité garantie.

Aérer un vin est un domaine glissant : à chacun sa vérité. Raison de plus pour laisser le sommelier s'aventurer. Il vous conseille d'aérer le vin dans votre verre ? Arguez avec un large sourire qu'il s'ouvrira aussi bien en bouteille. S'il vous suggère le contraire, exigez bien entendu une aération dans le verre.

Faut-il carafer un vin ? À part quelques ambassades du vin où, de toute évidence, on aime le vin et plus encore le carafer, les autres établissements traînent souvent des pieds pour ce spectaculaire exercice. Pourquoi ? Pardi, parce que c'est fatiguant, contraignant et qu'il y a toujours de bonnes raisons pour ne pas le faire. Pourtant, carafer un vin jeune paraît indispensable – surtout les blancs – parce que vous le débarrassez des gaz carboniques emprisonnés dans la bouteille. N'oubliez pas en tous les cas que personne n'a la clé en la matière. Pas même le pingouin debout devant vous qui va vous démontrer le contraire. Bon, c'est vrai, dans un petit restaurant bon marché, on ne va pas aller enquiquiner un personnel souvent débordé. En revanche, dès que l'addition commence à monter, n'hésitez pas à demander, c'est tellement agréable. C'est la magie du restaurant surtout lorsqu'on vous tient tête. Et le champagne ? Bien sûr, c'est tellement plus élégant dans une belle carafe. Essayez la prochaine fois et regardez bien la tête du sommelier. Peu apprécient, mais devant votre snobisme, personne ne peut s'interposer.

Prenez quelques cours pour apprendre le vin. C'est souvent agréable et en quelques heures, vous apprenez les repères essentiels pour piloter votre plaisir. Si vous êtes en fonds, trouvez-vous un coach et là, allez droit à l'essentiel. Bing : vous voulez ceci, cela. Connaître mieux la syrah, le saint-julien, les montrachets… En quelques séances, vous voilà maître de votre océan.

Un petit bloc-notes sur la table, mots griffonnés à la hâte (illisibles autant que possible) : respect garanti, distances maintenues.

Affirmez vos envies. Demandez le vin rouge à température de cave.

Avec une joviale complicité, faites-lui remarquer toutes les fautes d'orthographe de sa carte.

Facile mais toujours efficace : « Comment se fait-il, vous n'avez pas de muscadet à votre carte ?! » (autant que possible, vérifiez bien avant).

Suprême (et perverse) volupté pour tempérer un sommelier trop bouillant : « Faites-moi plaisir, laissez-moi ouvrir ce margaux 47 ! »

LEÇON N° 15

Comment réussir un repas d'affaires ?

Ou comment savourer sans déguster... On ne sait pas pourquoi mais l'expression « repas d'affaires » fait déjà bâiller avant même d'avoir ouvert le bec. Pourtant, chaque midi, des restaurateurs en font leur matelas et les businessmen leur quotidien. À se côtoyer, les uns et les autres se sont mieux connus et, s'il est vrai qu'il existera toujours des tables aussi dispendieuses que somptueusement ennuyeuses, il en est d'autres qui cherchent le rayon vert, l'astuce pour garder ses appétits volages, imprévisibles, contradictoires. Pour cela, il y a les valeurs dans le coût, et les mauvais coups prévisibles.

Ah ça non ! On peut dire que les menus dégustations, même s'ils figurent sur des cartes malentendantes, sont un peu révolus. À part quelques collectionneurs de saveurs épris de trimbrophilie, l'échantillonnage est quelque peu révolu. D'autant plus que chaque dé à coudre nécessite un héliportage incessant, fractionnant le repas dans les limites du supportable. Fini également les mises en bouche, même si elles perdurent « pour vous faire patienter » ou, plutôt saugrenu, dans l'esprit « pour vous mettre en appétit », alors que les messieurs en costumes ont, c'est une évidence, plus que les crocs, de vraies dalles.

Renseignez-vous sur les goûts de votre invité. Si c'est un grand mangeur, il jugera pingre une nouvelle cuisine chichiteuse. Pareillement, une taille de guêpe sera désobligée de se faire inviter dans un restaurant basque.

N'arrivez pas en terre inconnue. Le restaurant où vous traiterez une affaire délicate ne doit avoir aucun mystère pour vous.

Pro mais pas trop. Rien n'est plus ennuyeux qu'un restaurant peuplé d'hommes d'affaires. Choisissez plutôt votre table dans un restaurant vivant et parisien.

Soyez fair-play. La partie invitante se devra de considérer le quartier d'origine de ses invités. Retenez à cet égard votre table à proximité de leurs bureaux.

Plutôt que de recopier les plans tout faits, les adresses évidentes (où l'on rencontre tout le monde), cherchez de temps en temps le contre-pied : un salon dans un restaurant, une table touristique, un décor superbe (style Train Bleu à Paris), des lieux à contre-emploi. Faites de ces instants un brin barbants des moments pour ricocher et illustrer votre amplitude.

Si vous avez horreur d'attendre, alors réservez pour midi et demi. Après c'est trop tard, vous passez avec tout le monde.

Attention aux tables. Écartez *a priori* les restaurants où vous risquez de partager le pain et les conversations des voisins.

Autant le spécifier d'emblée, prévenir les pingouins et prendre les choses en main, si vous savez y faire : ces authentiques professionnels apprécieront quelques adjudanteries. Organisez le repas, précisez le *timing* (« Dans soixante minutes, un taxi passe nous prendre. ») et le personnel goûtera un langage, loin des autres tables mollassonnes qui, elles, s'ébrouent furieusement dans les dernières secondes.

Fini également les apéritifs, pour mettre à l'aise vos invités. Annoncez que l'on prendra tout simplement le vin du repas en apéritif, un bon vin blanc sec par exemple, qui gardera toute l'agilité aux esprits réunis. Sauf si vous venez de signer le contrat du siècle, cigares et eaux-de-vie en disent plus long sur votre sens de la gestion des deniers de votre société que sur la dynamique d'un repas : ils plombent souvent votre début d'après-midi et vous ramènent à plus d'heure.

On dit que la tendance est aux repas légers, diététiques. Pourtant, rien ne vaut le contre-pied scélérat : un poulet rôti à L'Ami Louis (même si l'aventure est aléatoire), une tête de veau chez Moissonnier, un pavé de bœuf-frites chez Georges, donneront de vous la truculence que n'ont pas toujours vos costumes ou l'en-tête de votre papier à lettre. Attention, c'est une arme à double tranchant. Mais *grosso modo*, si votre vis-à-vis fait la tête sur le museau, c'est prémonitoire sur la suite de vos affaires.

Jouez léger, fluide, piquez comme la guêpe : une sélection de sushis et de *Californian rolls* au bar d'un bon restaurant de sushis – ou encore quelques tapas à un bar d'hôtel – vous donneront des ailes, favoriseront les confidences. Les gens qui parlent de profil en disent plus long que ceux disposés face à face. Les Américains adorent cette technique, notamment en voiture.

Attention aux « plats grenades ». Vous adorez la frisée aux lardons, mais cette fois-ci n'en prenez pas. La tache sur la cravate, quasiment garantie, ce n'est pas classe du tout.

Évitez les querelles d'invitation. Rien n'est plus vain que les batailles de cartes de crédit. Arrangez-vous auparavant avec le maître d'hôtel.

Apicius, très très cher !

Finalement, existe-t-il de véritables restaurants d'affaires ? Il est vrai que certains ont le coffre et la bobine de l'emploi, mais si vous regardez autour de vous, partout on traite des affaires. Dans des bistrots, dans des cafés, aux sushi bars et en particulier dans les restaurants où la clientèle est formidable de prospérité et a la Visa volage. On range souvent Apicius parmi les spécialistes du poisson. Pourtant, à sa carte, le cochon est présent en pied, paquet et palette.

La carte

Hors carte. C'est toujours amusant de voir les maîtres d'hôtel vous proposer des plats à la volée. Ils sont « hors carte » et ont toujours des intitulés pétaradants. Si toute la carte était rédigée avec la même verve, ce serait épatant. Les descriptifs ont de la rallonge, du clin d'œil, ça truffe à toutes les demi-lignes. Le problème, c'est qu'on ne sait jamais les prix. En fait, ce n'est pas très compliqué à deviner, ce sont toujours les prix les plus élevés ! Pendant que je freinais des quatre fers, mon vis-à-vis s'engouffra sans vergogne dans une composition à base, semblait-il, de truffes et pas mauvaise du tout.

Sur l'addition, il est écrit « miettes truffes » et ça chiffre à 280 F. Pour ma pomme, l'entrée la moins chère (180 F !), gentiment logée dans un verre impraticable (vaste ballon de bourgogne), à base de concombre, gelée et une cuillerée (à thé) de caviar.

Palette de porc aux truffes. Ça, la truffe, ça y va ! Encore un plat hors carte. Et boum, pour les durs de la feuille, cette fois-ci c'est 320 F. Même en euros, ça fait drôlement cher. Il doit y avoir un seuil où les prix n'ont plus de sens. Ça ne pique plus, ça anesthésie. La truffe, armoirie ostentatoire de la gastronomie de luxe, est maintenant partout. On s'attend à en trouver dans le café, dans le pain, dans la poignée de main du patron. Mais pour une fois, elle tombe à pic. La palette se délie bien et une sauce montée à la crème délivre une texture mousseuse du plus bel effet. Le plat est bien dépouillé et procède avec une vraie belle clarté. Bravo !

Soufflé au chocolat. C'est, paraît-il, l'un des tubes du restaurant. Et on le comprend, car ce mélange de soufflé au chocolat chaud additionné de crème chantilly est un pur délice, à se suspendre aux lustres. Exquis…

Le service

Souple, s'adaptant aux diverses fortunes.

Le décor

Néoclassique, balançant entre showroom de fleuriste, salon de coiffure, restaurant parisien.

La clientèle

Au déjeuner, ce jour-là, les hommes d'affaires étaient chez eux. Ça, c'est quelque chose : sorte de jardin d'enfants gâtés, parlant fort, le teint hâlé, se faisant sonner à l'(insu)portable et décrochant, au moment du dessert, le cigare du pouvoir. Bien sûr, à l'inverse de leur prothèse auriculaire, ils se déclenchent sans sonner. Pas même un regard pour les tables voisines, l'enfumage commence méthodiquement. Le meilleur restant pour la fin, lorsque ces messieurs se lèvent, leur bâtonnet dans le bec, espérant ramasser des tables voisines une probable admiration. Un jour, il faudrait être aussi culotté qu'eux et leur sortir les règles élémentaires de politesse. J'entends déjà leur argumentation miniature, des petits cris bien élevés, la morgue des insuffisants.

Et alors?

La cuisine de Jean-Pierre Vigato, malgré une clientèle très conservatrice (le XVIIe plus les deux étoiles, c'est huit tonnes sur son porte-bagages), garde une réelle fraîcheur, une vélocité rare. Il y a un traitement direct des produits et un chemin toujours tracé vers l'essentiel.

Faut-il y aller?

Une fois l'an.

Est-ce cher?

1 300 F sans prendre de vin, sincèrement c'est particulièrement bonbon. Disons que c'est très très cher.

Apicius
122, avenue de Villiers
75017 Paris
Tél. : 01 43 80 19 66
Ouvert tlj sf sam. et dim. Voiturier.

LEÇON N° 16

Comment sécher un snob ?

Soyez honnête... Une fois au moins, vous vous êtes retrouvé joliment snobé par quelques esprits ailés décochant, au cours d'un dîner délicat, quelques traits qui vous mirent mal à l'aise. Qu'importe l'anecdote, mais ce jour-là, le carmin monta à vos joues, la déglutition se fit plus laborieuse, en un mot, vous vous êtes fait moucher sur un détail, une attitude. Dans ce genre de situation, deux solutions. Soit vous vous rangez des voitures et vivez en ermite. Cela présente de nombreux avantages, un livre ne serait pas suffisant pour y dérouler les arguments. Autre hypothèse : vous vous retranchez quelques semaines, affûtez vos armes, taillez quelques pieux bien en pointe avant de repartir à l'assaut. On vous a mouché une fois, pas deux. Voici, à l'usage de la table, quelques petits atouts non négligeables pour moucher les messieurs-mesdames-je-sais-tout.

Première règle, laissez courir devant vous le paon. Si vous êtes arrivé en retard à ce dîner mondain, il se peut que personne n'aura la délicatesse de vous prévenir que l'homme rubicond qui pérore sur un vin est l'auteur le plus calé en la matière. Là, silence ! Fermez-la, oubliez les lignes suivantes, écoutez plutôt le fat. Il en saura toujours plus que vous. En revanche, si l'oiseau a la science en plaquage, laissez-le s'avancer et lorsque la tablée est en pâmoison, lâchez quelques filets, sans oublier d'embrayer, de porter l'estocade, de viser entre les deux yeux, de présenter quelques traits bienveillants avant d'enclencher le gyrophare de votre intelligence. Pour ma part, ce genre d'exercice m'étant totalement étranger (la vie en société ne m'inspire qu'un long bâillement), je peux me glisser sans vergogne dans la peau du mercenaire. Vous voulez quelques caisses de grenades prédégoupillées ? Parfait monseigneur, vous avez frappé à la bonne porte !

Le pédant vous assomme sur le thé, ses jardins, ses *summer flush* ? Interrogez-le sur ses tasses. Boit-il son thé dans du Royal Westminster, du Phœnix ware ou du

Staffordshire numéroté ? Logiquement, le zèbre a la mâchoire qui décroche.

Un amateur de vin chicane sur la robe du vin servi dans un verre quelconque. Laissez-le monter sur les murailles et agiter ses petits drapeaux. Puis coupez court. Prononcez le prénom Georg. Logiquement, le brave éternue. Poursuivez : Georg Riedel, l'un des as de verre-dégustation. Avant que la tortue ne réagisse, accélérez promptement sur l'honnêteté d'une dégustation. Jamais en public, en vase clos, concentré, solo. Verres irréprochables. Levez-vous, demandez au serveur un nouveau verre. Concentrez-vous élégamment (surtout pas de contorsions faciales style jeu télé), regardez l'oiseau. Et ça, c'est quoi ? Logiquement, celui qui vous courait depuis quelques instants est en cours de dessèchement. Penaud, il dira : « Rien ». Ce qui est *grosso modo* le cas. Mais en la matière, faites comme tous les dermatologues, allez-y au flanc : « Nez d'étagère. » Voilà. Rasseyez-vous et parlez du livre que vous venez de terminer.

On vous chauffe sur le champagne au moment de l'apéritif. Un petit docteur fait son savant. Discrètement, dans votre coin, saisissez-vous d'une bouteille, munissez-vous d'un grand couteau tranchant, suivez le très discret fil de fabrication de la bouteille, sabrez. Petit conseil : exercez-vous dans votre garage sur des mousseux à petits prix. Autre suggestion, prévoyez la courbe de vol du goulot tranché, il serait de mauvais ton d'éborgner la maîtresse de maison.

Le fat en rajoute dans les manières ? Mettez beaucoup de distinction à terminer un os de poulet avec les doigts, toisez-le d'un regard hautain qui fendille l'âme, et prenez un air glacial, une mine altière.

Soyez snob à votre tour. Ayez toujours sur vous une délicieuse râpe à noix de muscade logée dans une noix en argent, une petite salière en buis, une toute petite poivrière réalisée à votre attention par un grand bijoutier. Certains apportent leur propre verre au restaurant, leurs baguettes à sushis de voyage.

LEÇON N° 17

Comment parler à un chef ?

Logiquement, un critique gastronomique ne doit pas parler à un chef. C'est peut-être un peu rude, mais c'est ainsi. Chaque fois que j'essaie, c'est un fiasco sans nom. Si vous ne souhaitez pas avoir de problème en matière de communication, il suffit d'avoir un petit lexique sur vous. Je vous le livre par la suite, avec la traduction en français des gens normaux. Mais dans la plupart des cas, un conseil : renoncez à la communication, c'est toujours ça de gagné. Occupez-vous de vous, de vos proches, de vos plantes et de vos oignons, vous ne pouvez pas savoir comme c'est mieux.

Une fois par an, je me rends à un cocktail par solidarité professionnelle pour un guide auquel je collabore. C'est toujours une fois de trop. La première fois, ce fut avec un chef de la Rive droite triplement étoilé à la stupéfaction générale, où je reçus dans le tympan un torrent de boue. La deuxième fois, ce fut avec un chef délicieux, un peu mieux élevé et beaucoup plus intelligent, qui portait pourtant le même prénom : Guy Savoy. Malgré un papier un peu rosse, celui-ci vint au devant. « Oubliez-moi », disait-il en substance. Le problème, c'est qu'on peut difficilement l'oublier surtout lorsqu'il fait l'actualité (la rénovation de son restaurant). « Ou alors, poursuivit-il, venez au restaurant en oubliant que vous êtes un journaliste. » Autant demander à une chouette de fermer les yeux la nuit.

Les chefs ont un sérieux problème : à part quelques-uns (vieil hymne fayot où tout le monde se reconnaît), la profession est dure de l'oreille. D'abord, ne formulez jamais de critiques, car même avec la plus grande des délicatesses, le chef a l'impression que physiquement vous lui donnez un coup de pied dans les fesses. Il ne comprend pas, mais pas du tout vos critiques, car « Tout le monde aime. » Pigé ? Si l'abus de boissons vous pousse vers l'amitié naissante, méfiez-vous car on va vous demander des conseils. Vous en sortez quelques-uns de bon sens, non sans fierté. Passé le lendemain, c'est rentré par une oreille et ressorti par l'autre.

Les chefs ont une démarche louable : rendre les gens heureux. Soit. Le problème, c'est que la critique gastronomique n'est pas faite, *grosso modo*, pour être heureuse mais pour travailler, analyser, sentir, humer, se mettre à la place de ses lecteurs, être le matériau médium, celui qui transmet et non celui qui va se faire rincer et serrer la louche. La conclusion est peut-être triste, mais le monde des chefs et celui des critiques ne sont pas faits pour se mêler. Le bonheur fusionnel tient de la littérature de gare, des sentiments tragiquement fraternels. Il faut accepter que ce sont deux galaxies qui se croisent, s'interrogent, se regardent, échangent des signes. Et voilà !

Petit guide du parler chef

Les critiques disent… – Les chefs comprennent…

« C'était très, très, très bon. » – « Pas mal. »

« Très intéressant. » – « Il y a de l'idée, mais l'ensemble est raté. »

« Les desserts étaient succulents. » – « Mais le reste est passé royalement à côté de la plaque. »

« La soirée fut exquise. » – « La compagnie était bonne, mais le repas nul. »

« C'était bon. » – « Très ordinaire, pire, il n'y a rien à dire. »

« J'aimerais bien connaître votre recette de bœuf. » – « C'était tellement simple qu'un enfant y arriverait. »

« C'est incroyable le changement ! Vous avez refait le décor ? » (pourvu qu'il ne me demande pas si c'était bon). – « Avant c'était immangeable, ça commence à devenir acceptable. »

Pergolèse, le plaisir et son gyrophare

Comment parler à un chef ? Il est des fois où l'on n'a même plus à s'interroger à ce sujet. Le chef est tellement vrillé par le scrupule qu'il vient régulièrement vous poser la question. Au Pergolèse, le « patron-chef » est d'autant plus sur les dents que le *Guide Michelin* lui a déposé récemment sa première étoile...

L'étoile Michelin, c'est tout de même un monde. C'est en premier lieu le rêve de tous les chefs. On la cherche confusément dans la nuit, on en devine le contour. Puis elle arrive. Comment ? Ça, c'est mystère et boule de gomme. Des plats de chef pour chef ? Des plats de fayots ? Des plats vertueux, des recettes appliquées, au garde-à-vous ? Il doit bien y avoir de tout cela. En tout cas, souvent, une gastronomie immobilisée dans la pause, l'arrêt sur image. Après, il faut vivre, bouger encore à l'instar du restaurant d'Albert Corre, rue Pergolèse. Des diplômes un peu partout, des trophées, des coupures de presse arborées à l'entrée (« Le Pergolèse, le restaurant qui aime les femmes »). Diable, si on avait su, on aurait noué sa serviette dès le taxi !

Et pour vous mettre en appétit

Vous la connaissez, cette formulation qui nous met toujours en joie. Et pour reprendre notre miaulement lancinant, nous sommes déjà en appétit puisque nous avons réservé dans cette adresse épatante. Vous imaginez un cinéma qui vous proposerait des images pour vous ouvrir les yeux, une librairie feuilletant un dico pour vous habituer aux lettres ?
En revanche, pour nous faire patienter, c'est plus crédible. Donc, rillettes de canard, puis risotto aux truffes. Après ça, c'est sûr, l'appétit, il est plus qu'ouvert : c'est le manche de hache placé dans la gueule ouverte du crocodile.

Le menu

Marinière de pétoncles. L'assiette est formidable de générosité, elle abonde. Elle surjoue peut-être l'emphase Michelin. Mais sincèrement, c'est tellement agréable une cuisine qui se lâche, qui se laisse aller dans la faconde, l'élan, l'envie. C'est communicatif, on a envie à son tour d'être généreux, gentil, détendu, souriant, de se laisser vivre. Elle est heureuse dans son thème. Il y a même dans ce plat une dimension de Mamma tourmentée et offrante. C'est la cuisine bourgeoise aussi, veillant à ce que le spectre de l'appétit soit totalement couvert, rempli.

Il ne doit plus rien rester (la faim, l'imagination, le rêve, l'appétit). Elle touche les quatre coins de la pièce, comme un coloriage studieux.

Bar aux petits légumes. Pendant que mes voisins se débattent avec des langoustines enrubannées de pâtes (c'est pas mal, mais disons qu'on a l'impression de manger les carapaces), voici un beau bar et sa cour de légumes taillés en pièces. Rien à redire, cahier des charges assumé, plan de vol correct, atterrissage louable, bien mais bon...

Tarte fine chaude aux pommes. Il y a dans cette tarte cette abondance soucieuse, inquiète, comme si l'on voulait conjurer la menace de l'insatisfaction par le foisonnement, déjouer le doute par la luxuriance. Du coup, notre tarte devient un oreiller digne d'un divan de psy. Pas mauvaise bien sûr, mais trop sucrée, trop dodue. Trop tarte quoi.

Le service

Un peu de tout et parfois du n'importe quoi, lorsque des étrangers à votre table s'embarquent pour la commande du vin dans la prononciation du « Saint-Aubin ». Le rictus désobligeant et empreint de pitié donne un joli résumé de la vie des touristes dans notre douce capitale.

Le décor

Parfait pour une sitcom de télévision avec les tableaux, les tentures, les appliques, le saumoné, le jaune d'or, côté rêve de belle-mère, complainte en chintz du gendre parfait, bonbonnière XVIe (arrondissement).

Le chef

Lorsque vous arrivez, il est là, vous jauge, vous place en fonction de votre potentiel décoratif, de ses places et de ses chouchous (plutôt sur le devant). Il est là constamment, arpentant la salle comme un boxeur, patrouillant avec le gyrophare du plaisir. Inutile d'espérer cravater un cendrier, il revient voir « si tout va bien ? » puis repart en cuisine, revient : « Ça va ? » À la fin, on se demande si on n'a pas des plaques de boutons sur le visage. Lorsqu'il prend la commande, on souffre du calvaire qu'il s'impose, on choisit vite pour qu'il retrouve ses fourneaux, son souffle.

Et alors?

Le Pergolèse fait partie des tables vaillantes où l'on se bat pour tout, les produits, le bien-être. C'est admirable de constance, de cœur. Le chef est comme un preux chevalier, ferraillant sans trêve, donnant tout de lui avec, comme diadème au-dessus de ses armures, le *Michelin* et son épée de Damoclès.

Faut-il y aller?

Essayez au moins une fois et dites-moi.

Est-ce cher?

Le soir, ce n'est pas donné (450 F par personne) mais valable. Le midi, c'est beaucoup plus intéressant (250 F à 300 F).

Le Pergolèse
40, rue Pergolèse, 75016 Paris
Tél. : 01 45 00 21 40
Ouvert tlj sf sam. et dim. Voiturier.

LEÇON N° 18

Faut-il laisser faire un chef ?

Il est vrai que parfois, aller au restaurant consiste à se faire plaisir, passer un bon moment. Ce devrait être du reste la règle. On se sent bien, et le moindre effort devient une contrainte : pousser la porte, enlever son pardessus, dire bonjour. On voudrait être comme dans ces autocars de jadis qui cheminaient lentement à travers les campagnes. Lorsque les portes s'ouvraient, il faisait froid, on s'emmitouflait dans son gros pull, la buée tapissait la nacelle, on aurait voulu que le voyage ne se termine jamais. Le restaurant tient également de ça. Un minimum d'efforts, un maximum de plaisir. Aussi, lorsque la carte se pointe, le plaisir commence à se fêler. Il s'agit de traduire les titres, localiser les grenades, jauger la température de l'addition, construire les ponts de saveurs, anticiper le vin et ses arômes, déduire les intentions du chef, imaginer son talent. Bouh, cela vous embarque toujours dans de longues méditations, la carte n'en finit plus : rien de plus barbant que de bâtir à la hâte les deux ou trois heures de votre dîner. Si bien que lorsqu'un obligeant vient vous proposer de faire le menu à votre place, on a souvent envie de passer la main.

À part quelques exemples méritants, le genre est toujours vaseux. Pour se lancer dans ce genre de menu à sens unique, le chef doit être d'un ego bien melonné, pour imposer le « qui m'aime me suive ». D'ailleurs, il vient lui-même faire le tour de la salle, histoire de vendre son unique salade. Son savoir-faire se situe là plus que dans ses casseroles dans la plupart des cas. Une œillade aux dames, un trait d'esprit pour les messieurs et voilà les pâtes aux truffes, les rougets au caviar et le soufflé aux pains d'épices fourgués en deux temps trois mouvements. Si le chef a une bobine qui vous revient, si d'emblée vous avez adopté l'endroit, alors aucun doute, la soirée sera bonne. Mais ce n'est pas toujours le cas. Le chef ressent comme une trahison le fait que vous ne le suiviez pas dans ses méandres et le charme de sa tôle tombe dans la demi-seconde.

Faut-il laisser faire un chef ? Tout dépend de vos relations avec lui. Si vous le connaissez bien, s'il connaît vos petites manies et vos gros défauts, alors, allez-y. Mais à ce que je sache, un critique n'a ni habitudes ni chef-ami, encore moins de petites manies (certainement de gros défauts). L'hypothèse tombe d'elle-même. En revanche, si le chef est coutumier du fait, qu'il en a fait le style de la maison, bah, coulez-vous dans le moule.

Soyez au parfum avant de tomber dans le flacon. Logiquement, c'est de notoriété, les guides le mentionnent, le bouche à oreille fait le reste.

Sachez que le menu du chef correspond souvent au menu le plus dispendieux de la carte. Jamais je n'ai vu un chef se mettre en quatre pour un menu à quatre sous. Méfiez-vous donc de ce genre de menu fait à la volée, car il satisfait avant tout l'organisation du chef, le rythme du service, les goûts de sa clientèle qui ne sont pas forcément les vôtres.

Si le piège se referme trop prestement, arguez d'une allergie à la truffe pour stopper net les ruades du marchand de tapis.

Si vous êtes en forme et entouré d'une table complice, posez la question crûment : « Et c'est combien tout ça ? » C'est un peu raide, mais le procédé l'est également.

Coup de feu au Petit Colombier

Il existe une génération de restaurants où le chef fait tout. L'accueil, la décoration, les remises de décorations... Et même la cuisine. Et même votre menu. Ce sont souvent des adresses formidables parce qu'il se dégage une envie terrible de partager, de prouver un talent, une gourmandise. Qu'ils soient là ou non reste finalement secondaire.

Le patron est là, juste derrière la porte, sanglé dans son tablier, serti de tricolore et de bleu Europe. Bernard Fournier fait partie de ces chefs restaurateurs section premier de classe qui en deviendraient exaspérants à force de fayotage avec l'excellence, s'il n'y avait derrière une authentique sincérité, un credo cocoricant, l'hymne au travail bien fait, la mélodie du scrupule. Ça tombe bien du reste, la saison de la chasse débute et c'est ici, paraît-il, l'une des ambassades du genre.

La carte

Salade d'automne. Dans le genre raté, autant le dire, c'est costaud ! Car voici une juxtaposition partant d'un bon intitulé, mais entassant avec une cohérence qui m'échappe langoustine, mâche, feuille de parmesan, pommes de terre et terrine. C'est pas franchement mauvais, mais à part jouer les faire-valoir pour les plats suivants, c'est déconcertant. Mais bon...

Lièvre à la royale. Un fameux plat éclatant de santé et de calories, servi avec générosité, bonnes joues et mélodie en chocolat. La cuisson est impeccable (on peut manger l'animal à la cuillère), la sauce profonde comme un lac de Russie et les groseilles épatantes de fraîcheur, faisant prendre l'ascenseur à cette composition lourde de sens, d'histoire et de saveurs. C'est le gibier dans toute sa splendeur avec cette force bonhomme, son rentre-dedans de naguère, cette frappe bûcheronne pour vous asséner un grand classique.

Le service

Dans notre salle, ce soir-là, le personnel galérait sec. De toute évidence, il manquait quelqu'un puisque l'entrée nous fut amenée quarante-cinq minutes après notre arrivée (on boufferait ses propres paumes). Pour ne pas arranger les choses, les clients commandaient tout ce qu'il y a de plus en plus difficile : des découpages de gibier, des tranchages de bestiole et, pour clôturer le tout, la crêpe Suzette. J'ai bien cru que notre homme allait disjoncter, je le voyais soupirer, serrer les dents. Il fit tomber un couvert, puis une assiette de rondelles de bananes et, clou du spectacle, sans que personne ne s'en aperçoive, mit le feu à son chariot de flambage. Vous imaginez le désordre... Mais non, pendant que l'incendiaire prenait la tangente avec un commis, tout le monde sirotait d'admirables vins capiteux, alors qu'en coulisse, en un prompt coup de torchon asséné sur les jolies flammes, le feu était anéanti. Le chariot pouvait revenir. Eh bien, malgré ce joyeux stress, le serveur resta impeccable, retira ses lunettes et fit le tour des tables pour demander si tout allait bien. Chapeau, le pompier !

Le décor

Adorable de provincialisme avec un ruissellement de diplômes, de liserés bleu-blanc-rouge, de photos nous montrant le patron serrant les louches de tout le gratin. Il y a même des chefs d'État, des ministres, d'autres chefs, plein de camarades. Du reste, voici à nouveau le patron, irradiant de courtoisie, échappé de sa propre caricature, forçant sur le trait (« Bonjouuuur »), en surdensité, prenant la commande avec la pose, le bon mot pour les dames, le clin d'œil moustachu pour les messieurs, le ouaf-ouaf gentil, amical, l'accent anglais à la Gabin, des complicités à la Louis de Funès. Drôlement bien.

La clientèle

Grande et petite bourgeoisies venues se régaler.

Et alors?

Voilà le genre d'adresses qui nous enchantent, même si ce n'est pas toujours parfait, car il y a là comme un parti pris tellement euphorique de vous faire passer une bonne soirée, qu'il faudrait être le dernier des sans-cœur pour ne pas partager cette félicité suave, gourmande, gentille, bienheureuse.

Faut-il y aller?

Allez, au moins une fois !

Est-ce cher?

Effectivement ce n'est pas donné : 860 F pour deux, sans desserts et un tout petit vin excellent : le château de Jau. Mais disons que, logiquement, vous ne regretterez pas votre soirée, même s'il n'y a pas tous les soirs la mise à feu du chariot de flambage.

Le Petit Colombier
42, rue des Acacias 75017 Paris
Tél. : 01 43 80 28 54
Ouvert tlj sf sam. midi et dim.
Accueil jusqu'à 22 h 30.

LEÇON N° 19

Comment garder son sang-froid face aux produits intimidants ?

L'intimidant des restaurants, ce n'est pas forcément la porte à tambour ou la tronche de molosse du directeur de salle. Il arrive souvent que certains produits vous donnent quelque rigidité dans la colonne vertébrale. Oh, ce ne sont pas tant les intitulés (ceux-là restent pittoresques) ni l'envie (on a tous envie de manger le caviar à la louche)... Mais les prix sont comme des petits trains avec leur défilé interminable de wagonnets.

Le caviar

Oh, celui-là, il hante benoîtement nos fantasmes alimentaires. Pour une bonne raison : son prix. Pour les amateurs de brûlures indiennes, au restaurant cela fait encore plus mal, car les prix prennent l'ascenseur, se gonflent les joues, sortent la bedaine. D'accord, cela fait toujours son brave petit effet, mais sincèrement, il y avait un temps et un public pour cela. Maintenant, il s'agit d'impressionner avec d'autres arguments que celui du sel des additions. Si néanmoins l'expérience vous tente, voici quelques soins de premiers secours.

D'abord, n'oubliez pas que le caviar, si vous adorez ça, ne se mange pas au restaurant mais chez soi. Ou mieux, dans sa chambre d'hôtel. Les prix y sont plus cléments et cela vous évite de vous embarquer dans des rations d'abri antiatomique.

Si vous persistez, sachez qu'il existe des combines pour déguster le caviar moins cher au restaurant. Ainsi, Goldenberg à Paris, dans le XVIe arrondissement, le vend sur table au prix de magasin. Mais uniquement le mardi.

Choisissez des lieux dédiés au thème. Les provenances sont garanties et le débit vous assure d'une probable fraîcheur.

Jouez la carte à fond : le caviar, comme le foie gras, a besoin d'un environnement dégagé. Inutile de surcharger les accompagnements, de vous embarquer dans un vaste repas. Vous allez vous ruiner pour une star et son mince filet de voix. Inutile d'inviter en même temps les Petits chanteurs à la croix de bois. Le caviar tout seul avec un champagne ou une vodka, c'est parfait. Dessert et estomac léger, rien de tel pour lancer une soirée. Du caviar donc, mais seul et en vedette.

Lorsqu'on évoque le thème du caviar, invariablement la trilogie sacrée vous tombe sur la nuque : caviar, blinis et vodka. Mais les vrais amateurs, s'ils choisissent un accompagnement, optent pour la pomme de terre toute simple et un excellent champagne bien frappé. Tentez au moins une fois l'expérience, c'est épatant !

Du caviar avec les coquilles Saint-Jacques, le turbot ? Moui, disons que ce n'est pas forcément une bonne idée, même si les chefs aiment bien ce recours tape-à-l'œil pour faire décoller les additions. Encore une fois, laissez-le en paix.

On évitera les interventions aussi saugrenues que rituelles comme le citron. Gardez le caviar dans sa nature, ne le déplacez pas ailleurs.

Gardez-lui son côté brut avec des produits de la même simplicité comme le pain de campagne grillé.

Sévruga, osciètre, béluga... À chacun sa religion. Goûtez-les au moins une fois dans une boutique, histoire de repérer la différence et surtout de localiser votre propre goût en la matière. Ensuite suivez-le, oubliez la hiérarchie des prix. Les amateurs du genre préfèrent l'osciètre, plus fin dans ses saveurs.

Épargnez-vous quelques élémentaires méprises. Si vous traitez quelqu'un dans un bar à caviar, ce n'est pas pour prendre du saumon fumé.

Méfiez-vous de jouer au demi-riche, vous risquez de passer pour un pingre.

Si vous voulez passer pour un esthète (ça a toujours du bon), évitez l'argenterie qui réagit très mal à la salinité du caviar. Optez (et réclamez) pour une cuillère en corne : c'est son partenaire idéal.

Le foie gras

Il fait partie de l'opulence des repas

traditionnels. Un repas sans foie gras, c'est un peu comme si l'on oubliait le champagne, les petits-fours, le café... et l'addition. Il y manque cette dimension gargantuesque, gravée, définitive. Personnellement, j'ai un mal de chien au restaurant à lancer un repas sur une note aussi puissante. Vous ramez ensuite pendant tout le repas avec une bonne partie de votre appétit sérieusement cabossée par cette collision. Le foie gras, à la limite, devrait être superbe, divin et suffire au dîner. Il serait accompagné d'une bouteille aussi définitive. On l'accompagnerait de salade, d'un superbe pain de campagne grillé et logiquement, il vous conduirait droit au dessert ou au café.

Sachez que le foie gras n'a jamais été monogame, contrairement à ce que souhaitent les prêtres de la gastronomie. Entre nous, superposer gras et gras constitue un raccourci satisfaisant, mais un peu simpliste quand même. De beaux vins rouges, des banyuls, des portos, se comportent admirablement bien avec le foie gras. Mieux, ils l'embarquent ailleurs et lui apportent un autre éclairage.

Souvent, les foies gras nous arrivent bien chambrés, comme on le faisait naguère des vins rouges. Ce n'est pas forcément une bonne idée. Le foie gras n'a pas son pareil lorsqu'il nous arrive froid presque frappé. Il se casse sous la fourchette ou le couteau, mais rassurez-vous, dans la minute il retrouve son ampleur, surtout si vous le déposez sur une bouchée de pain grillé. Là, c'est l'explosion des saveurs !

Évitez de tartiner le foie gras, ce n'est pas un pâté. Il ne s'agit pas seulement d'une manière de table, mais en l'écrasant de la sorte, vous perdez toute sa structure, celle-là même qui constitue sa singularité.

On l'oublie souvent, mais donnez un petit coup de moulin à poivre, ou encore une pincée de fleur de sel, surtout lorsque le foie gras est moyen. Cela le fait immédiatement décoller.

Le pain de mie, c'est un peu comme le moelleux sur le foie gras : une association mièvre qui rend ce plat un peu simplet. Mieux vaut un bon pain de campagne joliment grillé. Dans un petit restaurant, laissez passer mais dans une table de renom, ne vous gênez pas.

Au restaurant, le foie gras est de plus en plus souvent proposé poêlé. C'est une entrée très excitante puisqu'en un coup de fourchette, elle exalte les sens et vous perfore l'appétit. Il s'agit d'une entrée très douce (accompagnée de compotée de figues, c'est à tomber), mais en même temps assez violente. Pour la suite du repas, accrochez-vous, redressez le coucou avec une salade, un poisson à la vapeur. L'idéal serait de placer le foie gras en plat principal, car il est vraiment trop fort pour débuter le repas. Quand je pense que certaines tables le proposent en amuse-bouche. Ensuite, histoire de récupérer, il ne vous reste plus qu'à descendre à la hache trois hectares de chênes !

À propos, qu'est-ce qu'un bon foie gras ? On l'a vu plus haut, il s'agit de retrouver la structure du foie, son gras, sa finesse, son délié. Il ne doit pas être compact (comme certaines terrines de légumes), mais articulant ses saveurs. L'idéal, comme pour tous les produits, c'est d'aller un beau jour dans une ambassade de ce produit (ne vous plantez pas dans le choix de l'adresse) et de mémoriser ce foie gras. Logiquement, votre goût va s'étalonner, et par la suite, vous trierez naturellement ce que peut être un très bon foie gras (c'est rare, mais alors magique) et un mauvais (c'est fréquent et navrant).

La truffe

C'est devenu l'enfant battu des restaurateurs. On la met partout, en entrée, en plat et (c'est maintenant fait) en dessert. Pensez donc : de la sorte, on vous passe d'une brave composition à un plat mémorable, comme à la Ferme de mon père de Marc Veyrat où le dessert ainsi amélioré est facturé autour de 500 F ! Pourtant la truffe a l'âme simple. C'est une sorte de condiment qui accompagne des plats, qui s'y glisse avec presque rusticité. En Italie, où l'humilité des produits est vécue comme une exquise vertu, la truffe blanche, pourtant terriblement dispendieuse, a su rester dans les trattoria en tenue modeste. Elle n'est pas donnée, certes, mais elle reste timide, contenue. En France, la truffe joue les lingots d'or, rhabille les plats en nouveaux riches. C'est dommage car elle reste sublime dans des compositions « ordinaires » : salade de pommes de terre, salade de mâche...

N'oubliez pas que la truffe, c'est un peu comme le caviar. Si vous voulez vraiment connaître le frisson, arrangez-vous avec des amis et faites-vous un plat à la truffe. On peut l'acheter dans des épiceries spécialisées, mais il n'est pas indispensable de se faire étriller. Certes, elles y sont irréprochables (manquerait plus que ça !), mais il existe mille façons de s'en procurer sans se faire pigeonner, dont une que je vous livre au passage : Dominique Jaumard, La truffe du Luberon (tél. : 04 90 61 04 25).

La truffe est à son summum crue. Mon premier frisson gastronomique en la matière remonte à une entrée limpide dégustée chez Lucien Vanel à Toulouse : truffe à la croque au sel accompagnée d'une montée de tonnerre. Ce jour-là, j'ai cru qu'un glaive tombait du ciel, me clouait sur la chaise, me décillait l'estomac. Crue donc, pour savoir ce qu'elle a dans le ventre, dans la tête.

Vous verrez, l'effet de la truffe, ce n'est pas long. Plutôt subtil. C'est une enveloppe. On a l'impression d'être au centre, qu'elle a emmailloté la chaise, débranché vos écoutilles. Aussi, une nouvelle fois, concentrez-vous. Les détails concernant l'emplacement du parking et les nouvelles jantes de votre voiture peuvent attendre encore quelques minutes. Faites attention, mémorisez, remplissez votre bibliothèque des saveurs, cueillez l'émotion et par pitié, taisez-vous lorsque vous êtes devant ces petits miracles.

Et la truffe cuite ? Ouh la ! Logiquement, sa petite âme a pris au passage un sérieux gnon dans la courbure. À moins qu'elle soit subitement poêlée ou lentement tiédie (dans un chausson), dans ce cas, soit. Elle dégage alors d'extraordinaires parfums, elle délivre sa messe noire.

On évitera à cet égard de s'extasier devant de petits morceaux de charbons racornis dont les chefs accompagnent viandes, gibiers et poissons. La truffe est alors dénaturée, enfermée dans un cul-de-sac. C'est bête et méchant de l'exiler ainsi dans une mort sotte, muette et indigne. En revanche, de petites lamelles à la dernière seconde, d'accord.

Méfiez-vous, car en matière de truffes, les restaurateurs prennent souvent les clients pour des analphabètes. En prononçant le mot « truffe », ils ont l'impression que vous êtes déjà snobé, la bouche ouverte comme une carpe. Ils viennent d'acquérir, avec ce petit son flûté, d'improbables lettres de noblesse, de la dorure sur leur veston, des talons hauts à leurs mocassins.

Truffe, soit, mais quelle truffe ? La leçon rapide : en été, la truffe est insipide, elle ne vaut pas un clou. N'insistez pas. Quelques renards sans scrupules en parlent comme de la truffe blanche. Attention, il y a de l'arnaque dans l'air. Car la truffe blanche, la fameuse truffe blanche d'alba, est hors de prix et ne se consomme en saison que de novembre à décembre. La vraie truffe, dite du Périgord (même si elle vient bien souvent de la Drôme et du Vaucluse), a un nom, c'est la *Tuber melanosporum*. Toutes les autres sont de qualité moindre.

Posez des questions gentiment, ce n'est pas interdit. Logiquement, si le patron a bien fait son travail, il sera fier de vous expliquer les provenances et les fournisseurs. Les autres, les grigous, filent souvent en cuisine « pour demander ».

LEÇON N° 20

Comment déguster un café ?

Logiquement, c'est le point final du repas, l'au revoir, la touche ultime, le cercle fumant, le puits du souvenir. Souvent, le repas s'affale. Il pensait avoir terminé, mais il a oublié de conclure, de réussir l'ultime. Rageant. Ne parlons pas des authentiques jus de chaussettes, des cafés réchauffés et autres lavasses indignes. Parlons plutôt de ce qui ne devrait même pas être une boisson mais autre chose : une expression, un élixir...

Une jolie cafetière en métal argenté, c'est bien. Mais c'est encore mieux en vitrine. L'acidité du café risque de tourmenter l'intégrité de votre petite merveille et de donner un goût à votre préparation. Préférez plutôt la céramique ou la faïence préalablement échaudée.

Le choix de la tasse a son importance. La finesse du rebord confère au café une dimension tout aussi précise. Ceci dit, le large rebord des mazagrans n'est pas non plus un obstacle car ils conservent d'autant mieux la chaleur.

Souvent, lorsqu'il s'agit de cafés, le restaurateur se met à rouler des mécaniques. « Voici, dit-il théâtralement, la carte des cafés. » Faut voir, car mieux vaut deux cafés complémentaires moulus à la minute plutôt qu'une armée mexicaine éventée depuis quelques lustres. Préférez donc un excellent café à une dizaine qui se poussent du coude.

Souvenez-vous qu'un espresso réussi présente une mousse uniforme épaisse, ni trop claire ni trop foncée. La mousse est sans aucun doute le point de repère d'un bon espresso. Logiquement, elle devrait masquer le café. Bien entendu, y tourner une cuillère est péché contre l'esprit, car c'est précisément l'âme du café qui s'évapore dans le twist métallique. C'est pourquoi les Italiens déposent lentement le sucre en poudre sur la mousse. Ainsi, ils ne rompent point ce petit matelas mousseux.

Si vous ne prenez pas de café, n'oubliez pas que conclure un repas sur une note chaude et liquide reste primordial. Elle apaise l'estomac, l'aide à digérer. Évitez à cet égard de clore sur une composition glacée.

Brunch au Barrio, rendors-toi, c'est un cauchemar !

Le moment du café reste pour beaucoup celui du petit déjeuner, ou encore celui du brunch. Exercice apparemment banal qui peut devenir une véritable exploration du futur. Finalement, s'offrir un brunch, c'est confier à un établissement le loisir d'éclairer ou non les humeurs de sa journée. Il fait dimanche, le temps est incertain, les états d'âme sont sans capitaine. Ils peuvent s'écorcher sur un nuage, se liquéfier sur une absence, s'illuminer d'un bouquet, d'un sourire. Il faut voir cette foule encore en pyjama envahir les marchés, les cafés et les marchands de journaux. Pâte à modeler, abonnés absents, autant dire que le choix de l'adresse de son brunch peut s'avérer une idée aussi limpide que catastrophique.

Pendant que les uns et les autres se prélassent sous les ors et les marbres des palaces, le bec écumant de chantilly, je récupérais une fois de plus, pour le compte de mon journal, une adresse zarbi, comme si quelqu'un coinçait discrètement la grande roue de la loterie d'un escarpin taquin. L'ordre de mission mentionnait le Barrio Latino, sur le faubourg Saint-Antoine. Dans ce genre de situation, c'est comme lorsqu'un gendarme vous fait signe d'arrêter au bord de la route. On ronge son frein, les yeux dans les nuages, le moral défoncé, la mâchoire décrantée. On prend dix rides, on vieillit de six mois, on pète quelques petites veinules. Mais on sourit au destin. « Papier du véhicule ? » Il y avait de cela lorsqu'on nous a demandé à l'accueil si on avait réservé.

L'accueil

C'est toujours pareil ici. Il y a un formidable décalage chez le junior qui joue au manager avec une foi de missionnaire évangélisant la restauration, mais avec l'énergie d'un karatéka devant son muret de briques. Et puis, il y a les serveurs qui donnent la très nette impression d'avoir été punis. Consignés au brunch du week-end pour avoir renversé une saucière dans un cou, écrasé le mocassin d'un important, écrasé les doigts d'un collègue dans le battant de la porte des cuisines.

Le buffet

Oh celui-là, on le repère dix mètres à la ronde avec ses airs de faux-cul. Et que je te fais mousser les patates, les feuilles de salades, les carottes râpées, les salades de fruits, le guacamole, les céréales, les œufs brouillés, les fromages, les pâtisseries, le melon tranché. On veut faire Capoue, Byzance, alors on multiplie les piles d'assiettes, de soucoupes, les brassées de petites cuillères. Lorsqu'on fait le tour, un peu neuneu avec sa petite assiette et son air pas réveillé, on réalise bien qu'il y a un lézard mais bon... les radars ne fonctionnent pas. On choisit en dépit du bon sens : le guacamole vient verdir la tranche de melon, une sauce piquante fait la conversation avec un jambon tranché à la paume.

À table!

Lorsque l'assiette comprise dans le forfait à 170 F (rien que ça !), j'ai tout de suite senti l'embrouille. La mozzarella se faisait la malle sous la fourchette, dégageait un lointain goût lacté. La moitié de l'assiette était couverte de pain toasté. Il y avait aussi un peu de saumon fumé. Celui-là, j'aurais dû le localiser un peu plus tôt. Mais un œil sur la presse dominicale, l'autre sur la tablée, le troisième perdu dans ses pensées... Autant appeler un chat un chat, ce saumon était franchement infect. Je vous imagine au-dessus de ces lignes, des projecteurs de 1 000 watts sortant de vos yeux, attendant la vacherie, la description de l'horreur. Ne comptez pas sur moi, dans ces cas-là, lorsque la voiture est lancée contre un mur, on n'attend pas le sourire en fesse à ce que le monde vous tombe sur le portrait. Non, on ouvre la portière, roulé-boulé hors de l'engin. Triple rideau, fermeture des sas, Karcher mental, vide cérébral, débranchement du petit pois. On boit une gorgée de café et on s'absorbe dans la météo.

Le service

Parfois serviable (pour les filles en majorité), plutôt hautain de la part des garçons, qui ont un mal de chien à imaginer de se voir servir, un dimanche matin, des œufs brouillés à des mouflets.

Le décor

Spectaculaire, superbe avec ses quatre niveaux. La nuit, c'est encore mieux !

La clientèle

Touristes, tablées d'hôtels, voisins, Bastillards, flemmards du dimanche matin, familles reconstituées, enfants baladeurs. On se croirait dans une pension de famille un jour de pluie.

Et alors?

Lorsqu'on a signalé au maître d'hôtel la petite forme du saumon, celui-ci est allé voir en cuisine. Puis nous a oubliés. Qu'à cela ne tienne, nous l'avons relancé sur le thème. « Le chef est d'accord, a-t-il répondu posément, c'est un problème de qualité. » Té ! Mince de zut. Où avait-on la tête ? Dans le porte-monnaie, pardi ! C'est assez tendance finalement de voir l'outrecuidance des imposteurs. C'est mauvais ? Ben oui, parce que c'est pas bon. J'ai grillé le feu rouge ? Ben oui, parce que je ne me suis pas arrêté. Vous mangez tous de la m... Ben oui, c'est en vente dans le commerce. Ouh la, on se demande s'il faut vraiment se réveiller !

Faut-il aller au brunch?

Non (je vous préviens, je vais vérifier).

Est-ce cher?

Lorsque ce n'est pas bon, 170 F c'est scandaleusement cher.

Barrio Latino
46-48, rue du Faubourg Saint-Antoine, 75012 Paris
Tél. : 01 55 78 84 75
Brunch à partir de 12 h.
À l'étage VIP, les enfants sont accueillis avec des dessins animés, cours de maquillage, jeux vidéo...

LEÇON N° 21

Comment connaître les nouveaux restaurants avant les autres ?

Lorsqu'un restaurant ouvre, vous avez dix jours de sérénité durant lesquels la table parvient à s'exprimer. C'est une période assez courte qui délivre souvent un message fiable au niveau du restaurant. Il est loyal de ne pas juger un restaurant lors de sa première journée (cf. leçon n° 40 : Les règles des critiques), en revanche une semaine après, les cordes vocales ont poussé un cri relativement fidèle. Durant les dix jours qui suivent son ouverture, le restaurant, s'il est bon, est plein. Voilà pourquoi, comme pour les films et les amours, rien ne vaut les premiers jours. Pour cela, rien n'est moins compliqué. Si vous voulez être mis au parfum avant les autres, voici quelques trucs.

Essayez de connaître des professionnels de la restauration, des journalistes, des grossistes ou des marchands immobiliers. Logiquement, s'ils exercent correctement leur métier, ils peuvent en un claquement de doigts vous donner les dix prochaines ouvertures à suivre. Ils sont fournisseurs, interlocuteurs : l'actualité, c'est leur fond de commerce.

Certains journaux, d'autre part, brossent l'actualité à venir mais c'est un genre curieusement délaissé, l'ensemble de la presse et des médias se contentant d'insérer dans leurs rubriques les nouveautés une fois celles-ci lancées. Cependant, des journaux comme *L'Hôtellerie*, le *Figaroscope*, *Le Figaro* annoncent régulièrement les principaux mouvements dans la restauration : suivez-les.

Enquêtez également auprès de l'INSEE, qui édite un listing de toutes les modifications attenant aux sociétés de restauration : changements de statut et de gérants sont notifiés et publiés officiellement. Si vous savez lire entre les lignes, logiquement vous dénicherez vos bonnes affaires.

Ayez l'œil. Du blanc d'Espagne sur les vitrines, des entreprises d'afférent autour d'un vieux café : cela sent un nouveau petit bistrot de quartier. Renseignez-vous, logiquement on vous répondra sur le chantier même.

En ce qui concerne les guides de restaurants, c'est rarement dans leurs pages que la nouveauté doit être cueillie. Bien souvent, avec les temps d'impression et d'enquête, il se passe quelques semaines, voire un bon mois, entre le bouclage du guide et sa sortie. Aussi, lorsque celui-ci claironne (souvent à tort du reste) sa « découverte », l'adresse en question a déjà été massée par des quotidiens, voire des hebdomadaires, ou encore d'autres guides. Les véritables découvertes sont des raretés et leurs « inventeurs » ont en commun une chose : leur discrétion.

Le poulet des Magnolias, quelle danse !

Connaître les nouveaux restaurants avant les autres, c'est bien plus facile lorsqu'il s'agit de la banlieue. Ici se planquent des petites perles. Elles sont d'autant plus pures qu'il leur faut beaucoup plus de temps que les autres pour être reconnues. Voilà pourquoi elles nous arrivent limpides, fortes et débarrassées de tout le fourbi de la ville. La table des Magnolias, au Perreux, appartient à cette catégorie formidable. Parmi la carte extrêmement baroque dans les intitulés, se promène un fort joli poulet…

Regardez bien le poulet dans les yeux au moins quelques secondes. Oh, je sais bien, la plupart du temps vous récupérez des poulets décapités, rangés pour le caisson, cambrés dans le *post mortem*. Aussi, la prochaine fois que vous vous retrouverez dans une cour de ferme (hum ! Horizon 2013 ?), essayez de choper son regard. Vous verrez, c'est un joueur, un farceur, somptueusement benêt certes, mais galopeur, frondeur. Pschitt, il fonce, dévale, pile. C'est un farfadet. Poulet de ferme s'entend, les autres, c'est *Chicken Run* : affreux, affreux, affreux ! Voilà pourquoi il faut accorder au poulet une mort épatante, pétaradante. Le venger de son passé, le sublimer, le réincarner. Au restaurant, même punition. Il y en a un peu marre des gallinacés qui rotativent en boucle sur la broche, un peu de fantaisie que diable ! De la gaieté dans la danse des squelettes, du twist, de la folie. Mais où ?

L'adresse

À la station de taxis, j'avais dit à mon comparse : « Surtout, tu ne dis rien, on s'installe sur la banquette et on laisse le tacot rouler. Après, on file vers la destination. » Mais en ce jour de grève des transports, les nerfs de la population étaient à vif. L'homme au volant a tout de suite flairé l'embrouille. « C'est où ? », qu'il a dit très contrarié. On a bredouillé. Et la moutarde monta immédiatement. « Au Perreux ! Non mais, pourquoi pas à Versailles ?! Sortez tout de suite ! » Inutile de vous dire que, dans le suivant, c'est place de la Nation que nous annoncions notre direction sulfureuse. Cela dit, c'est tout droit depuis l'Étoile. Pas compliqué.

Le restaurant

On pourrait y vendre des entrecôtes sans problème dans une formule à 145 F, carafe comprise et le tour serait joué. Mais ici, un fourmilleur d'idées est aux casseroles. Comme le serait un batteur de jazz. Pif, paf, pof, ça s'enchaîne, ça rétropédale, ça embraie dans tous les coins. C'est un chef comme il devrait y en avoir aujourd'hui. Des vrais, risqués, fonceurs, sans génuflexions aux guides, droit dans le buffet. Il s'appelle Jean Chauvel, il appartient à cette nouvelle génération qui s'est embarquée pour demain : l'Astrance, Lucullus... Du petit point, du frisson, du sentiment. Pfuit, c'est ça qu'on attendait !

Le menu

Fruits d'hiver en fricassée-caillette de caille au jus de pain d'épices. L'hiver, ça ressemble un peu à ça avec beaucoup de pénombres, des musiques de velours noir. Du sous-bois, des gammes de marrons et des sauces lourdes. C'est une déflagration de saveurs, parfois mêlées, parfois engraissées, mais bigrement travaillées, poussant des propos, cherchant (ne trouvant pas toujours). Mais au moins, dans l'assiette, il se passe quelque chose. C'est *grosso modo* passionnant.

Poulet. Celui-là, je l'attendais au coin du bois. C'était une gauloise de 1,8 kg environ. Elle nous a été présentée encore frissonnante de cuisson puis découpée pour l'assiette. Et là, bon sang quelle danse : onctueuse, douce, de superbe beauté. Et pourquoi ? Sous la peau, le chef avait glissé un beurre d'herbes (cresson, estragon, cerfeuil) et choisi des salsifis en accompagnement. Autant dire que la volaille écumait de saveurs, s'adonnait en toute sensualité.

Desserts. Croustillant de caramel et d'amandes façon florentin, spaghetti de pommes au thym vert, jus cuit au calvados (c'est un seul dessert, pas la carte des desserts). Vous voyez le topo ? Eh bien, c'est un peu cela, avec des embardées à s'accrocher à la table. Dans l'ensemble, bien.

Le service

Extra, gentil, paisible, tenu par une patronne heureuse : on est loin de Paris...

La clientèle

Des bienheureux qui vont sans doute regretter de trop refiler cette adresse d'enfer, des petits couples s'arrondissant les hanches.

Faut-il y aller?

Dare-dare.

Est-ce cher?

Menu-carte à 185 F et 230 F, rien à redire.

Les Magnolias
Jean Chauvel
48, avenue de Bry
94170 Le Perreux-sur-Marne
Tél. : 01 48 72 47 43
Ouvert tlj sf sam. midi, dim. et lun. midi.
Accueil jusqu'à 22 h.

LEÇON N° 22

Comment tester un restaurant à la mode ?

Paris connaît une nouvelle fringale pour les restaurants à la mode – Georges au Centre Pompidou, Bon rue de la Pompe. Paradoxe cocasse, à part une adresse ou deux, on mange très médiocrement dans ce genre d'établissements. Pourquoi ? Parce que les villes de bord de mer, pourrait-on répondre, sont souvent bâties le dos à la mer. Il y aurait à Paris comme un art très sophistiqué d'être décevant.

Lorsqu'on lui évoque ce brave paradoxe, Jean-Louis Costes, du célèbre duo Costes (Le Café Marly, Café Ruc, Georges, Hôtel Costes... et une galaxie d'une cinquantaine d'établissements proches) lève les yeux au ciel. Il aimerait une bonne fois pour toutes qu'on cesse d'attendre de ses restaurants une démonstration gastronomique : « Les gens ont changé, dit-il, ils ne sont pas tels que les restaurateurs les imaginent. Regardez autour de vous, et vous constaterez que les Parisiens procèdent par gimmick. Il y en a qui mangent 300 soles meunières par an, d'autres 300 rumstecks et Philippe Sollers 300 œufs-mayonnaise. Les gens sortent de plus en plus mais jamais ils ne vont se taper la cloche tous les soirs, c'est presque obscène. Les gens veulent de la simplicité, des choses saines. Finalement, c'est leur façon rebelle de répondre à l'ordre gastronomique. »

Réussir un restaurant à la mode n'est pas aussi mathématique qu'on l'imagine : « C'est une alchimie, remarque Marc Fiorantino, du groupe L'Olivier (La Véranda, Le Télégraphe, Chiberta, Sushi One, Oriental Véranda et depuis peu Lapérouse), et ce n'est qu'après coup, lorsqu'ils se sont stabilisés, qu'on réalise que des établissements comme le Buddha Bar, le B*fly (le nouveau nom du Barfly, prononcez "bi flaï") ou le Costes sont des réussites. Les gens attendent d'un lieu qu'il les surprenne agréablement, dans le décor, l'ambiance et le rapport qualité/prix : la Véranda accueille jusqu'à 450 personnes le soir. Elles restent entre 3 et 4 heures et dépensent 210 F en moyenne. »

N'oubliez pas que les restaurants à la mode privilégient l'instant. N'y allez pas pour cueillir l'éternité ou la vérité, mais pour respirer les nouvelles attitudes. Feuilletez cette adresse comme on le fait d'une revue, avec curiosité et surtout sans *a priori*. C'est souvent en restant candide et à l'écoute qu'on apprend plus sur ses semblables. Si vous vous rendez dans ces adresses avec vos *a priori*, l'expérience risque d'être laborieuse et sans intérêt. Si le genre (le restaurant à la mode) vous hérisse, faites l'impasse, lisez les journaux spécialisés : leur métier, c'est de visiter des lieux où vous n'irez pas.

Faites un effort. Si le lieu est hyper chic, très snob ou alors « très-très », faites au moins un tout petit pas en avant, sinon vous risquez d'être à la traîne et de gâcher votre soirée.

Attention, un restaurant à la mode nécessite une réelle énergie. Si vous êtes déprimé, à la ramasse, passez votre chemin et allez vous faire pouponner dans vos adresses de réconfort. Mieux vaut aller dans les adresses d'actualité en pétant le feu, avec son dernier costume (sa dernière robe) histoire de se colleter réellement avec l'endroit. Sinon, c'est la lente désagrégation, l'amertume, le no comprendo... Sortez vos antennes, ouvrez les yeux et les oreilles, et sachez que vous allez y apprendre des tas de choses sur vos contemporains. Un restaurant, ne l'oubliez pas, ruisselle de sens.

Soyez *fair play* et donnez à ce genre de restaurant toutes ses chances. Aller par exemple dans un restaurant de boîte de nuit à 20 h 30, c'est aller à Val-d'Isère à la mi-novembre. Un restaurant dans le coup se hume après 22 h.

Pensez également à régler vos critères en fonction de paramètres différents. Un magret de canard aux framboises dans un restaurant à la mode ne se juge pas de la même façon que dans un restaurant du Sud-Ouest. S'il est excellent, c'est un miracle. S'il est banal, c'est que vous êtes vraiment dans un restaurant à la mode et si vous l'avez choisi, c'est que ce genre de table n'est pas fait pour vous. Ici, mieux vaut prendre les plats simplets, un peu tendance, et oublier tout académisme. À la limite, demandez aux serveuses, elles ont alors un authentique bon sens qui vous évite le plantage traditionnel.

Mules et non avenue

Jusqu'alors, les restaurants à la mode appartenaient à cette étrange catégorie de tables où l'assiette traîne des pieds. Maintenant, le genre a bigrement évolué et ça fuse dans tous les sens, à tel point que Paris reprend quelques miles à Londres et à New York en la matière. Pilier phare du genre, les frères Costes...

L'univers des frères Costes ressemble bigrement bien à son époque. Impossible de les cerner. Jugez leurs adresses comme des restaurants qu'aussitôt ils s'exaspèrent devant tant d'incompréhension. Restaurant ? Pouah ! Café ? Affaires ? Vous plaisantez... Et ainsi de suite. Du coup, dans chaque catégorie, ils excellent dans la fuite, l'interprétation, pendant qu'on se casse les dents sur l'idée suggérée. Ainsi, prendre le thé au café Marly semble être la meilleure idée au monde (ça l'est), mais la réalité vient vous mordre les mollets. Vous imaginez dans quel état d'esprit on s'assied dans leur nouvelle adresse de l'avenue Montaigne ? Excellent.

La carte

Celle-là, elle est extra, c'est sans doute l'une des grandes réussites de la soirée. Elle est longue, filiforme, telle qu'on aimerait être à la sortie du restaurant. Les intitulés ont du chien. Ils manient l'allusion avec une légèreté badine des choses habituellement si sérieuses. Enfin, on a l'impression de se dégager de la gangue graisseuse, de la chape calorique, le foie gras est « suffisant pour deux », les haricots « extra fins », les « fines » pâtes sont « légèrement » épicées. Vous imaginez le petit bonheur étourdi, l'insouciance badine, la légèreté sans profondeur. Enfin un petit paradis innocentant les bouchées, versant dans l'angélisme grammé. Même les couverts creusent les joues, rentrent le ventre, ils sont tout minces. L'Avenue est faite pour ceux qui vont trop souvent au restaurant (pour y manger parfois violemment), voyagent trop, travaillent trop. Elle a cette douce bienveillance des aubergistes qui vous accueillent après une journée de chien. Asseyez-vous, oubliez tout. Vous n'avez pas faim ? Vous ne voulez pas boire ? Pas même dîner ? Parfait, vous êtes ici chez vous, voici la carte.

Les nourritures

Les quoi ? Mais vous plaisantez, ah, ah ? Où ça ? Quoi ?! Ellipses cambrées, nature pasteurisée, routine neutralisée, assiettes *don't touch me. No food* à la non-avenue.

Le service

Bien vu, bien délié, humain, plaisant.

Le décor

Encore un remix de Jacques Garcia habillant le décor de ses rayures et développant le thème du canon (la référence à la place des Invalides), non sans un certain esprit. Autrement, le confort est douillet et napoléonien.

La clientèle

L'avenue Montaigne en pleines formes avec ses fortunes harassées, ses silhouettes griffées de près, son bonheur lent, ses libellules en tulle et mules, ses lassitudes baguées, ses désirs inextinguibles, cette merveilleuse innocence lorsqu'on a tout eu (et presque rien gardé), ce malaise doré, cette torpeur aux aguets, ces regards revenus de tout. Parfois, on y plonge sans jamais pouvoir revenir à la surface. C'est ici comme une immense bibliothèque peuplée de brochures, de livrets et de quelques admirables reliures. C'est le Paris d'aujourd'hui : chien, dur, joli.

Et alors?

Peut-être qu'un (beau) jour, à Paris – à l'instar de New York, Londres, Tokyo... – la « bouffe » deviendra à la mode avec vélocité, talent, fulgurances, audaces, risques. Pour l'instant, à part Spoon (rue de Marignan), on reste d'une prudence de chef Mohican. La photocopieuse marche à fond comme bloquée sur la touche « repeat ».

Faut-il y aller?

Bien sûr que oui, indispensable pour piger Paris en son début de siècle. Après, mieux vaut tourner la page et voir ailleurs si l'on y est.

Est-ce cher?

Suffisant pour tamiser les clientèles.

L'Avenue
41, avenue Montaigne, 75008 Paris
Tél. : 01 40 70 14 91
Ouvert tlj. Accueil jusqu'à 1 h.

LEÇON N° 23

Comment aborder les restaurants étrangers ?

Déjà, le mot n'est pas bien joli. Étranger, étranger... On a l'impression d'entendre les gens parler de plats « épicés » comme s'il n'y avait qu'une seule boîte d'épices. En fait, c'est simplement symptomatique de la vision des Français en la matière. L'étranger est une vaste mer sympathique qui baigne la France. On y passe ses vacances, on en ramène des souvenirs multicolores, on y promène les roulettes de ses valises.

Mouais. Faudrait quand même faire un tout petit effort. Et alors, dieu que la récompense est jolie : distinguer un risotto milanais d'un risotto toscan, ou un pesto napolitain (avec du basilic) d'un siennois (avec de l'estragon), fait partie des infinis plaisirs de la vie, de la culture (pendant qu'on y est). Et pour cela, il faut faire (quand même) un (tout) petit pas en avant.

À Paris et en province, les restaurants étrangers sont souvent supérieurs en nombre à leurs collègues indigènes et souvent plus fréquentés. Pourtant, on les traite souvent avec une bonhomie grossière, approximative, indulgente. Rien n'est plus passionnant que les tables d'ailleurs. C'est souvent bon, parfois exquis, avec de temps à autre (une fois par an, c'est déjà pas mal) des éclairs de génie qui vous laissent percé sur votre chaise. Rien que pour ça, quelques clés sont nécessaires pour sortir de nos petits souliers.

N'oubliez pas tout d'abord que les restaurants étrangers francisent leur carte. Ils ont essuyé trop de demandes souffreteuses (du style, « La salade aux piments, ça pique ? ») pour continuer à parler le dialecte de leur cuisine.

Aussi, parlez toujours avec le patron. Prenez la carte à témoin et demandez-lui s'il n'a pas quelque chose de plus « personnel » (évitez de dire « typique », vous n'êtes pas chez un marchand de cartes postales). Logiquement, le visage s'éclaire, les mains passent derrière le dos et votre homme fixe un coin du plafond. C'est bon signe.

Soyez humble, posez des questions, plein de questions. Tant pis si le serveur s'impatiente... Au bout de trois ou quatre interrogations, vous pourrez juger de l'étoffe de l'endroit, de son authenticité. Par quoi faut-il commencer ? Faut-il prendre du chaud, du froid ?

Pour les boissons, évitez de vous retirer avec pleutrerie sur les rosés congelés de Provence. Faites preuve d'un petit millimètre d'audace en allant quérir les boissons locales. Les vins italiens sont fabuleux lorsqu'ils sont bien choisis, il existe de formidables riojas d'Espagne, de splendides chardonnay d'Australie, vins de glace d'Allemagne, thés verts, bières indiennes... Partout derrière les comptoirs se cachent d'excellents flacons ne figurant pas sur les cartes.

Ayez la tête ouverte et on vous ouvrira des continents de sensations. Par exemple, la cuisine thaïe ne se mange pas avec l'aide des baguettes mais avec de beaux couverts en bronze et en teck. En revanche, ces baguettes devraient être en argent ou du moins en métal dans les restaurants coréens, en ivoire ou en plastique chez les Chinois et les Indochinois, en bois brut collées sur leur sommet chez les Japonais.

Ne pensez pas qu'on se complique la vie en prenant les nourritures avec les baguettes ou les doigts (avec trois doigts de la main droite, dans les pays arabes) ou encore à l'aide de nan (galette souple) en Inde. Vous verrez, le contact avec le produit devient plus subtil. On sort d'un rapport instrumentalisé (les couverts, leurs piques et leur tranchage martiaux) pour se rapprocher de la chair d'une viande, d'un poisson. On gagne son intimité et soudainement une autre planète s'éclaire : celle des textures, du touché. Si l'on y prête un minimum d'attention, cela devient vite passionnant.

N'ayez pas peur de demander comment on mange un plat. On n'a jamais l'air ridicule. Ainsi, le gingembre dans les compositions de sushis japonais ne sert pas à revigorer les énergies masculines chancelantes, mais tout simplement à refaire son palais entre chaque nature différente de poissons.

Aventurez-vous sans arrêt et vous constaterez que les merveilles du monde ne somnolent pas sous un béret basque : curry, pastilla, paella, couscous, mezze libanais, crabes farcis de l'océan Indien, dim sums... Même les soupes recèlent de merveilles de poésie.

Aborder un restaurant étranger, c'est bien, mais le goûter dans toute sa dimension, c'est encore mieux. Si vous aimez la cuisine italienne, par exemple, creusez le thème, ne vous contentez pas d'une aimable superficialité (le carpaccio de bœuf au parmesan, les pâtes aux vongole, ça va un temps). Faites un peu d'efforts, allez aux rencontres des cuisines des provinces : sarde, sicilienne, napolitaine, toscane, vénitienne... Ce sont autant de pays à part entière, bien distincts, articulant leurs mots et leurs saveurs à leur façon.

Potassez, étudiez, faites-vous expliquer le risotto. Et vous constaterez qu'un bon risotto se fait à la minute (il faut entre vingt-deux et vingt-trois minutes pour le préparer) et ne saurait en aucun cas être proposé en entrée.

Soyez ambitieux dans cette quête. Vous aimez la cuisine africaine ? Soit. Alors partez à l'aventure, faites-vous conseiller, guider, construisez vos connaissances. En un an, vous aurez le vocabulaire, les repères (tout est là) et éviterez ainsi les connaissances molles, hasardeuses, vaines.

Fixez-vous une grille de lecture sur telle ou telle cuisine. C'est un peu le secret des critiques gastronomiques. Ils ne connaissent pas l'ensemble de la gastronomie mondiale, mais au moins, ils ont (ou plutôt devraient avoir) quatre ou cinq clés pour démonter les mécanismes d'un restaurant, comme les sauces, les températures, les techniques de cuisson, l'assaisonnement...

En fait, restez éveillé, consacrez un minimum d'attention. Telle est ma religion. La vie européenne est si superficielle et hâtive qu'on ne fait attention à rien. Ne parlons pas des passages pour piétons, des papiers dans les rues, mais plutôt de l'attention minimale que requiert la connaissance de soi (on allait l'oublier), des autres (mon Dieu, quel malentendu !) et par extension, celle des produits. Passez trois-quatre secondes de plus au-dessus d'un verre, d'une assiette (d'un regard, d'une silhouette...) et le monde change. Essayez au moins une fois.

Sawadee, tropiques pasteurisés

Avec les cuisines dites « étrangères », c'est un peu comme partir en voyage. Point n'est besoin de mettre son appartement en container, il suffit de voyager léger. Avec rien, pendant qu'on y est. Oublier la carte des vins, les couverts argentés, le pain frais, les musiques débilitantes, les serveurs articulants. Finalement, on se sent vite très bien, pas vrai ?!

S'envoyer dans les méridiens, c'est se débarrasser de tout cela, arriver un peu humble, gauche dans ces lieux souvent bien plus hospitaliers que les restaurants français. On comprendra ainsi pourquoi les restaurants thaïs ont ce succès à Paris. Ce sont tout d'abord ces arômes mêlés de citronnelle, de tamarin, de cardamome, de gingembre, de coriandre, de girofle. C'est aussi ce royaume de Siam de légende, l'ambassade du roi Phra Narain venant se prosterner devant Louis XIV.

Le menu

Salade de crevettes. À la tablée voisine, un petit monsieur ganté de jeans demande le même plat. Son visage se ride légèrement avant de poser la sempiternelle question : « C'est pas trop pimenté ? » Té, on devrait river une plaque en cuivre au-dessus de l'entrée sur le thème. On y lirait « Cuisine thaïe légèrement pimentée ». Bon, c'est vrai, tout le monde pose la question... Mais sincèrement, c'est comme demander à un pâtissier si ses desserts ne sont pas trop sucrés, à un boucher si la viande n'est pas trop saignante. Du coup, en cuisine, à force d'avoir les oreilles qui sifflent, on met la pédale douce. Salade légèrement piquante. Dommage, car le piment, c'est celui qui vous fait girouetter, vous sort (enfin) de vos gonds d'armoire normande. C'est une sorte d'index qui montre tout : là ! Là ! Ici ! Là ! C'est la déglingue, la perte des sens (uniques, giratoires). C'est le début d'autres choses. En attendant, celle-ci pivote du bassin mais pas trop.

Poisson au lait de coco. C'est tout de même agréable ces sauces souriantes, douces, sucrées, comme attendries. C'est un peu le lagon, l'oisiveté (le vice de toutes les mers), le hamac. Dommage que le poisson soit un peu aux abonnés absents. Du reste, ce restaurant ne doit pas être le seul à popoter paisiblement avec des poissons de la sorte. Peinard, sans histoire, bullant. Congelés ? J'sais pas, mais en tout cas le coquin est à des années-lumière de sa vie. C'était il y a si longtemps. Pas mauvais au demeurant, sentant rien, bien embaumé, parfait pour le long voyage. Mais bon, un poisson entre vie et trépas, connaît des instants lumineux, bons, nacrés, pétant encore d'iode et de vie. Là, on repassera.

Desserts. Sans grand ressort, une crêpe fourrée traînaille, un autre tire au flan.

Le service

Impec : partout, véloce, gentil et lointain.

Le décor

Une salle volontaire, propre, spacieuse (le restaurant est très grand) avec aquarium, fresques laquées, murs ocres, statues de lion bâillant de toutes ses quenottes...

La clientèle

Beaucoup de voisins venus se détendre, d'autres faire les importants (essayez de décrocher une table donnant sur l'entrée, c'est un vrai bonheur de voir les arrivées). De grandes tablées décontractées, des familles. Sympathique et vivant.

Et alors?

À force de vouloir se rapprocher des Parisiens, beaucoup de tables sincères, excellentes et douées se sont courbées à la longue en rapetissant les prix, en mettant moins d'épices dans les sauces, en allongeant les sourires. Ce qu'elles ont gagné en popularité, elles l'ont perdu en authenticité comme si leurs âmes avaient reculé très discrètement d'un pas. Par mimétisme, les produits ont fait de même, à l'instar des poissons devenus propres, lavés.

Faut-il y aller?

Oui, quand même.

Est-ce cher?

Comptez 250 F à 300 F par personne, ce qui est correct.

Sawadee
53, avenue Émile-Zola,
75015 Paris
Tél. : 01 45 77 68 90
Ouvert tlj sf dim.

LEÇON N° 24

Comment tester un sushi bar ?

En quelques années, les sushi bars sont passés de la catégorie « restaurants exotiques » à celle des « restaurants de proximité ». Il n'y a pas d'arrondissement de Paris par exemple qui n'ait son sushi bar. Les sushi bars répondent à une vogue de plus en plus ancrée sur les nourritures légères, diététiques, mais également bon marché. Pour moins de 100 F, on peut manger plaisamment assis au bord d'un comptoir des petites bouchées ovales de riz couvertes d'un poisson. En outre, l'intérêt des sushi bars tient également dans sa promptitude. Le sushi se fait devant vous, à la demande, et en moins de vingt minutes, votre repas est accompli. Vous vous retrouvez dans la rue, léger, calme, probablement plus dispo qu'après un sandwich-bière ou une entrecôte-frites avec son ballon de vin rouge. Certes, par rapport à Tokyo où les poissons sont d'une fraîcheur cinglante, le riz plus court et plus amidonné, Paris ne s'en sort pas trop mal. Voici quelques clés pour y voir plus clair.

Quelles sont les premières choses à vérifier lorsqu'on entre dans un sushi bar ? Regardez dès l'extérieur. Les abords doivent être nets, les vitrines propres. Observez bien : les *noren*, ces tissus qui signifient l'ouverture, doivent être en place. La propreté est fondamentale. L'hygiène stricte est le début de la confiance.

Autres points de référence ? Tout doit être cohérent dans un sushi bar. S'il n'est pas net, la fraîcheur des poissons n'est pas garantie. Chaque détail s'inscrit en harmonie. Il ne doit pas y avoir de dissonances entre la façon de dire bonjour, la qualité de la céramique, de la tasse de thé, des plats de présentation, du repose-baguettes. Dans un bon sushi bar – comme du reste dans tous les restaurants – la cohérence doit être de tous les instants, de tous les détails, qu'ils soient modestes ou luxueux.

Qu'est-ce qu'un bon sushi ? Il se prend d'abord au comptoir où l'on peut dialoguer avec le chef. Celui-ci ne doit pas être trop familier, ni bouder dans son travail. Il doit être gai. Le poisson doit être impeccablement frais (et non oxydé), tranché devant vous, à une température ambiante, sur un riz légèrement gluant, pas chaud ni glacé, ni trop serré. Lorsque vous le prenez en bouche, il développe la finesse des saveurs du poisson.

Regardez bien le couteau du maître sushi. C'est sa propriété ; bien souvent, son nom est gravé dessus ainsi que celui du forgeron. De la façon dont on découpe un poisson dépend le goût final (pensez ainsi à la graisse située entre la chair et la peau : le tranchage devient déterminant). On le tient le pouce placé contre le côté gauche de la lame, l'index posé sur le dessus, le majeur, l'annulaire et l'auriculaire repliés sous le manche. Contrairement à la technique française, le poignet ne bouge pas, les mouvements sont commandés par l'épaule.

Un petit truc : lorsque vous êtes au comptoir, prenez certes une sélection de sushis, puis ensuite, selon la faim, devisez avec le maître sushi et demandez-lui les spécialités du moment.

Faites attention à la petite boule verte sur le bord de votre plateau de sushis. C'est du wasabi, une sorte de crème tonique et digestive rappelant le raifort, en moins agressif, plus subtil, moins rémanent.

Et le gingembre ? Il s'agit de l'utiliser entre chaque sushi, puisqu'il régénère, ravive les papilles, et permet de différencier les subtilités des différents poissons qui se succèdent.

Quant aux baguettes, laissez-les toujours reposer parallèlement à la table. Les placer de façon verticale – comme les couverts en Occident – est un signe hautement funeste au Japon, comme celui de croiser son kimono vers la gauche. Notez également que dans un bon sushi bar, les baguettes ne sont pas en bois.

Que boire ? De la bière japonaise, du thé vert ou alors du saké chaud ou froid. Important : songez à débuter et à conclure votre repas sur une note chaude, l'estomac appréciant toujours ce genre de petites attentions.

Que faut-il apprécier dans un sushi bar ? L'accueil, le rayonnement du chef, la diversité des poissons et leur découpe graphique.

Quels sont les défauts habituels ?

Pas assez de variétés de poissons (il en faudrait 20 à 25), trop de saumon, les poissons prédécoupés.

Lô Sushi, gogo sushi

Ne soyons pas dupes, c'est vrai que le succès grandissant des restaurants japonais tient sur une méprise. On en attend des plats insipides, peu caloriques, fugitifs, idéaux pour les tailles haricot, les creuseurs de joues. Alors que la cuisine japonaise, c'est une autre paire de manches, n'est-ce pas ? Et un autre papier. Aussi, lorsque cette nouvelle adresse a pointé le bout de son museau non loin des Champs-Élysées, la curiosité, habilement fouettée par un bureau de presse, est devenue aussi intéressante que le restaurant lui-même.

Les sushis

Le bonheur et le grand art des sushis, c'est avant tout la découpe du poisson, effectuée devant vous : c'est tout un métier qui demande non seulement un couteau admirablement tranchant (les meilleurs sont signés par des maîtres, authentiques « chefs-d'œuvre vivants »), mais aussi une connaissance très poussée de la nature des chairs des poissons. Aussi, lorsque arrivent de misérables petits tas de riz prémoulés à la machine, surmontés de poissons tranchés en dépit du bon sens, il y a de quoi frémir. Ces machines existent, certes, au Japon, mais on les trouve dans des restaurants de chaînes réputés pour leurs tout petits prix, alors qu'ici, le mètre carré de sushis est aussi élevé que celui de la place Vendôme.

Le choix

Riquiqui, même aux heures les plus calmes : vers 19 h 45, il n'y avait que cinq ou six variétés de sushis. Beaucoup de saumon (brave méprise occidentale : le saumon est rarement servi cru au Japon, mais plutôt grillé) découpé à la tronçonneuse ; des makis (rouleaux entourés d'algue) sans nerf ; beaucoup de crevettes sans goût ; et puis un tataki (c'est une sorte de tartare de poisson) à peine haché, servi en lambeaux avec le chinchard massacré au gingembre et pratiquement immangeable. Au bout d'un moment, cela devient tellement pitoyable (blessant, dans l'espoir déçu) qu'on en a l'appétit coupé.

Le dessert

Comble de la médiocrité, arrivent deux misérables petites gaufres provenant, précise la carte, de la maison Meert, « fondée en 1761 » et facturées 35 F. C'est d'autant plus navrant qu'elles sont extraites sous vos yeux d'un gros conteneur en plastique. Charmant.

Le décor

Taillé par Andrée Putman avec un minimalisme clinique loin du dépouillé sensuel du Japon.

Le service

Gentil, mais débordé dans les réservations, véritable casse-tête chinois impraticable (impossible de déjeuner à 13 h). Pour le reste, le principe du Lô Sushi consiste à se servir soi-même sur un tapis roulant circulant le long du bar.

La clientèle

Égarés de la mode, victimes de malentendus repartant à reculons, affamés partant se soulager dans les pizzerias du coin.

Et alors?

Déjà la copie du restaurant de Londres (Yo Sushi) était un peu limite (là-bas, c'est plus amusant, enjoué, meilleur), mais là, c'est le pompon. Sushis décevants, prix effarants et comble de la simulation, les cuisiniers ne sont même pas japonais, du moins ce jour-là, mais asiatiques. Le métier de trancheur de sushis se fait avec beaucoup de fierté et de dignité au Japon (regardez dans les vrais sushi bars) alors qu'ici, les « cuisiniers » manipulent sans joie des produits semi-préparés.

Faut-il y aller?
Si vous êtes amateur d'expériences maso, c'est parfait et de surcroît excellent pour faire gondoler de rire un dîner qui s'ennuie.

Est-ce cher?
Pfou ! Comptez 300 F par personne.

Lô Sushi
8, rue de Berri, 75008 Paris
Tél. : 01 45 62 01 00
Ouvert tlj. Accueil jusqu'à 0 h 30.

LEÇON N° 25

Comment tester un plateau de fruits de mer ?

S'il y a un plat qui doit être raide de fraîcheur, gorgé d'iode, pétant de santé, c'est bien le plateau de fruits de mer. On attend de lui un aller-retour pour Quiberon, quinze jours de thalasso, huit séances de boues marines. Imaginez tout de même les hectolitres de fantasmes. Et surtout lorsque l'engin pointe son museau gelé. À la limite, on attend trop de lui parce qu'un beau jour on a entr'aperçu l'excellence : une langoustine juteuse et pleine de tenue, des huîtres éclatantes, des crabes splendides, et puis voilà la désillusion qui arrive en petite tenue, piteuse. Pour éviter le grand blues, voici quelques bouées de sauvetage.

Pour vous assurer de la bonne fraîcheur des fruits de mer, allez plutôt dans des brasseries à gros débit.

Si vous avez des préférences, mieux vaut composer vous-même le plateau avec vos manies, rien de plus absurde que de laisser la moitié.

Abondance de glace, c'est mauvais signe. Hélas, c'est devenu la règle : en singeant la fraîcheur avec le froid, on donne l'illusion que c'est tout neuf. Erreur, le froid masque les défauts (on fait pareil avec les vins médiocres). Pire, il banalise la qualité. En fait, les plateaux dignes de ce nom devraient arriver sur un lit de goémon.

Pour les langoustines, on doit ressentir une légère résistance en séparant la tête du corps. Si celle-ci se détache mollement : cuisson trop poussée, fraîcheur dépassée. De plus, on laisse bien souvent la tête de côté. Pourtant, rien n'est meilleur.

Les vrais amoureux des huîtres ont un fâcheux réflexe mais garant d'une longue passion : sentir très légèrement l'huître, ça vous localise immédiatement les douteuses. À la moindre hésitation, passez à la suivante.

Autre astuce si vous avez un doute sur l'état de santé de vos huîtres : une petite goutte de citron sur le bord. Logiquement le coquillage réagit immédiatement.

D'accord, vous êtes peut-être dingue du vinaigre aux échalotes sur les huîtres. Dans ce cas, ne suivez pas ce qui suit. Car, entre nous, ce n'est peut-être pas le partenaire rêvé. Essayez plutôt, au moins une fois, un petit tour de moulin à poivre, histoire de voir…

Si vous êtes pressé, le plateau de fruits de mer va vous rendre marteau. Car vous vous lancez avec lui dans un véritable chantier. Si c'est pour en laisser la moitié, essayez plutôt des compositions comme l'assiette du pêcheur ou autre variante moins ambitieuse. Un authentique plateau se laisse traiter en minimum une heure. Le crabe restant un moment de choix et d'infinie patience…

Marty en brasse coulée

En ce qui concerne les fruits de mer, la partition n'est pas aussi évidente que cela à Paris. Malgré les apparences et le nombre d'adresses, les bonnes tables restent rares. Quant au reste…

Parfois, lorsqu'on voit une brasserie, c'est comme un grand coup de trompette poussé dans la nuit. On tend l'oreille, on cherche l'écho, on sonde la profondeur des ténèbres. Un puissant coup de corne, et le tour est joué : un superbe décor 1913 resculpté Art déco, des fruits de mer en abondance, une clientèle cossue de quartier. Logiquement, ça peut marcher des siècles.

Le menu

Plateau de fruits de mer. Oh celui-là, dès le départ, on le sentait pas franc du collier. Un peu riquiqui sur les ormeaux, passable sur les langoustines, petit bras sur les huîtres, plus que douteux sur une ou deux praires, mais bon, valeureux comme la majorité des plateaux de fruits de mer parisiens. Vous qui adorez le genre, vous savez que cette passion ne se nourrit que de vigilance et de défiance. Bien m'en prit, les crevettes grises étaient poisseuses et dégageaient une petite odeur. Stupeur professionnelle du service qui s'étonne de façon très urbaine. « Mais elles sont arrivées hier ! », s'esbaudit-on façon école de théâtre. Certes, mais d'où ? De la consigne de Montparnasse, de la poste restante des Gobelins ? Du reste, le serveur, sentant le deuxième jet de citron arriver, barre l'argument avec un aplomb d'animateur télé : « Mais regardez autour de vous, tout le monde est content. » « C'est vrai, se surprend-on à répondre, tout en se désinfectant les phalanges dans le rince-doigts, nous n'y connaissons rien. » Pas de réponse.

Coquilles Saint-Jacques. On peut imaginer qu'un brave jour, un chef a décidé de travailler la Saint-Jacques et de l'accompagner d'une purée aux herbes. L'assiette devait être jolie et le postulat passa. Le problème, c'est qu'aujourd'hui, il y a bien de la coquille au programme. Son prix y est, le beurre aussi, mais le thème fait la brasse coulée. Le dispositif en cercle (style chiffres de la pendule) s'est ramassé dans un virage du restaurant, et depuis l'assiette nage vers l'illusion. En bouche, ce n'est pas mieux : les Saint-Jacques ont été mal saisies, c'est comme si elles avaient été bouillies ou mal décongelées. Il n'y a pas le croquant iodé que l'on en attend, la pulpe juteuse, la pêche marine : non, rien d'emballant, un peu de consistance (très) lointaine et une purée penaude en appoint. On la croirait assoupie dans un autocar au terminus d'une gare routière : atone, nostalgique, perdue, vidée, esseulée.

Dessert. Logique continuité, la tarte fine aux pommes est consternante de bâclage : à peine cuite, même pas jolie, et pour tout dire sans complexe lorsqu'on apparaît en si piètre tenue.

Le service

Assez content de lui, puissamment macho au premier étage où un athlète sorti tout droit de *Pulp Fiction* semble ne pas comprendre la moitié des questions qu'on lui pose, improvise des sketches dignes de Muriel Robin (les crevettes grises). Mais bon...

Le décor

Formidable tourbillon années 1930, avec ses angles, ses moulures, ses déboîtements. Si seulement la cuisine s'en inspirait...

La clientèle

On a l'impression que la brasserie est une toile de cinéma sur laquelle on se joue un film imaginaire, puissamment rêvé (au hasard : *Les Illusions perdues*) : un coup de vin là-dessus et on peut s'embarquer dans ces voyages virtuels qu'arrive à délivrer une tripotée de restaurants (gastronomiques, italiens, romantiques). Gentilles tablées consensuelles venant passer un bon moment et surtout ne pas remettre en question ces instants ultimes de la journée : on est trop fatigué, trop proche, trop las.

Et alors?

Pfou, il faut être rudement gentil, bon et indulgent dans ces instants. Et, semble-t-il, les gens le sont suffisamment pour constituer ces fameuses clientèles qui remplissent le temps d'une soirée ces adresses parisiennes. Bonne volonté évidente, carte de bon aloi, mais produits à la remorque, réchauffeurs et distraits, aboutissent à une brasserie d'une jolie banalité sublimée par un décor étourdissant.

Faut-il y aller?

Sincèrement ?

Est-ce cher?

Quand ce n'est pas bon,
c'est toujours trop cher.

Marty
20, avenue des Gobelins,
75005 Paris
Tél. : 01 43 31 39 51
Ouvert tlj, service continu au bar.

LEÇON N° 26

Comment obtenir la température souhaitée ?

Le problème avec les sommeliers, c'est qu'un beau jour, ils sont entrés en religion et dès lors les pendules se sont arrêtées. L'un des problèmes à gérer avec eux, ce sont les températures des vins. Leur formation leur a appris à connaître les vins à températures tempérées afin de mieux apprécier leurs subtilités et leurs arômes. Ainsi, un champagne développe ses couleurs au-dessus de 8 °C, au-dessous, c'est différent, c'est une autre histoire. Malheureusement, là où leur science s'arrête débute notre plaisir. Chacun ses goûts et une majorité d'amateurs de champagne l'apprécie froid, voire frappé.

Je n'ai jamais eu autant honte de ma vie que lorsque le sommelier de chez Maxim's se lamenta sous les yeux de ma fiancée de l'injure que nous faisions à son cristal Roederer en le traitant ainsi. Pourtant, nous l'avions payé une fortune mais le sommelier ne pouvait pas comprendre qu'on exige autant de glaçons. Non seulement on nous plumait profondément, mais en plus nous étions élevés au rang de ploucs première branche.

N'hésitez pas à imposer votre goût. Fût-il mauvais, au moins c'est le vôtre. On ne vient pas partager la grille de lecture des sommeliers, mais simplement passer un excellent moment. Vous aimez le vin rouge avec le poisson ? Allez-y. Le vin blanc sur la volaille, mais c'est parfait (un condrieu, un châteauneuf-du-pape blanc, c'est exquis). Vous aimez les vins rouges tièdes ? Mais comment donc ! Froid ? Mais, je vous en prie. Agissez de même pour les températures...

Prenez possession de la bouteille ! Maintenant, finis les traquenards de la sommellerie, les vins blancs servis à gros bouillons (du coup, la température monte, ils deviennent imbuvables) : je demande dans les yeux d'avoir la bouteille et le seau à portée de mains pour me servir à petits traits car tel est mon bon plaisir. Neuf fois sur dix, les sommeliers repèrent le malade et le laissent avec son entonnoir sur la tête, mais il y en a toujours un dixième qui se tue la soirée à « accomplir sa mission ».

Petit test de certains critiques pour éprouver la sommellerie, toujours efficace : la température du champagne dans un seau à glace. La plupart du temps, les seaux sont trop petits et le col de la bouteille dépasse systématiquement. Résultat, le premier verre est à mauvaise température. Demandez alors à ce que le col soit froid. Les résultats sont spectaculaires : incompréhension mêlée de fureur rentrée. Un bon professionnel doit rester stoïque dans ces instants de haute civilité, et malgré l'envie irrésistible qu'il a de vous renverser le seau sur la tête, de sauter à pieds joints sur votre visage souriant, il doit arborer la classe suprême, l'indifférence aristocratique, la volupté du respect. Si c'est le cas, chapeau bas, c'est un grand (et vous, un misérable).

Hemingway, givré de plaisir

Au bar d'un restaurant, gagné par l'euphorie et la célébrité des lieux, on oublie parfois des éléments fondamentaux comme ces fameuses températures des liquides. Heureusement, ici et là, il y a des professionnels qui ont l'œil rivé au mercure.

À la différence des grands restaurants gorgés d'autosatisfaction, de brave pompe, encombrés d'ego surdimensionné (ça va comme ça ?), les grands bars peuvent survoler paisiblement au-dessus. Pourquoi ? Parce qu'ils ont un souci que les autres ont bien souvent royalement oublié : le client. Eh oui, la brave pomme inculte, assise et gentille, c'est nous. Alors, vous pensez, au bar on est les rois, les maîtres du monde. Il suffit juste de dire « s'il vous plaît ».

Le test du tordu

Bah, on a tous dans un petit coin de la tête des phrases empilées comme des vieux papiers. On ne les jette pas pensant qu'elles serviront un jour. Bien souvent, cela n'arrive jamais. Mais qui sait... Dans mon grenier, il y avait la température qu'affectionnait Hemingway en matière de vin blanc. Que les sommeliers qui lisent ces lignes aillent faire un tour (ou potasser leur prochain concours de course de sac), car ce qui suit n'est pas bien, mais pas bien du tout (je les entends déjà marmonner d'indignation, ronchonner le cou luisant). Or donc, Hemingway adorait le vin blanc « grésillant » de froid.

La commande. Par chance, c'est Colin P. Field, le pape des barmen, qui officiait ce soir-là. Un puits de science et d'anecdotes, un type charmant, d'une connaissance gothique, gentil, discret. En deux mots, épatant surtout avec ceux qu'il ne connaît pas (les autres doivent boire du petit lait).

« Ce sera pour Monsieur ?

– Un vin blanc grésillant de froid, s'il vous plaît.

– Bien monsieur. »

Rotation du buste, une bouteille jaillit des entrailles d'un frigo, le liquide bascule dans un verre tulipé. Pof, paf.

Grésille-t-il ? Bien sûr que non. Il fait 6 °C et dans les deux minutes 7 °C. Mais bon. Un vin blanc comme un champagne – c'est une question de manie – peut être formidable à ces étages givrés. La profession hurle alors aux arômes, au bouquet, au corsage et tout le bazar, mais il serait bon que, parfois, elle nous laisse tutoyer notre mauvais goût. C'est le meilleur puisque c'est le nôtre.

PS : pour les amateurs du genre, autant

ne pas aller par 36 chemins, il y a un ascenseur pour l'échafaud : le *dry* martini servi à – 18 °C (en fait, il était à – 14 °C, nuance insultante pour les cintrés du frisson), afin que les glaçons n'altèrent pas la pureté du cocktail en fondant.

Bloody Mary. Voyant qu'il y a un tordu au bar, aussitôt Colin fait tomber les filets de sécurité. On parle d'Hemingway, de ses manies, de ses époques, de ses tics : beaucoup de glace, mojito, daïquiri, mélanges de malade style double whisky nappé d'eau placé au congélateur (quelque temps plus tard, un glaçon circulaire se formait au-dessus du verre). Colin est parti... Ce garçon au stoïcisme ritzy a l'indignation solennelle quand il entend un bar parisien s'attribuer la paternité du Bloody Mary et du Side Car (il s'agit du Harry's Bar). Colin cite des ouvrages, date ses sources : « Je n'accepte pas la légende, dit-il comme si on lui avait chipé son shaker, je n'aime que la vérité. » Et boum, le Bloody Mary atterrit comme un tampon de douanier : poivre, sel de céleri, jus de citron, Tabasco, Worcester sauce, vodka, jus de tomate, un gros glaçon.

Le service

Hyper pro, apparemment sans défaut.

Le décor

Petit boudoir replié dans ses pénombres, ses banquettes .

La clientèle

Tout dépend ce que vous souhaitez. La paix luxueuse ? Alors 18 h 30-19 h 30. Le brassage mondain ? 23 h 30-minuit, mais alors venez vers 22 h 30, sinon, après, c'est un peu trop dingo. Bonnes têtes, fortunes variées, pensionnaires sur la paille (celle du cocktail, pardi), femmes et hommes à vies multiples, intrigués et intriguants.

Et alors?

Un cocktail au bar Hemingway du Ritz, c'est assurément un des beaux moments de la vie parisienne. Sans attendre le huitième verre, la ville devient une fête et vos amis les êtres les plus exquis de la terre. Il y a là comme un sas vers un autre monde : de l'autre côté, il doit y avoir aussi de la littérature, des plaisirs. La suite probablement. Il y a de quoi rester scotché.

Faut-il y aller?

Oui, mais pas tous ensemble.

Est-ce cher?

110 F. Sincèrement, c'est le prix d'une formule tordue dans une brasserie miteuse.

Bar Hemingway – Hôtel Ritz
15, place Vendôme, 75001 Paris
Tél. : 01 43 16 33 65
Ouvert tlj sf dim. et lun.,
de 18 h 30 à 2 h du matin.

LEÇON N° 27

Faut-il demander le chef à sa table ?

Sincèrement, à moins que vous ne soyez un copain de régiment, le chef est censé avoir autre chose à faire qu'à serrer les louches. S'il le fait, c'est en cuisine. De surcroît, un chef est rarement à l'aise dans la salle. À part quelques coqs contents comme tout, la salle est pour lui un milieu quasi hostile. Il sort d'un univers de sueurs, de vapeurs, de sauces et de cris pour rejoindre un monde pomponné au verbe lent.

S'il y a une molaire en or dans votre mousse d'écrevisses, il n'est peut-être pas nécessaire d'ameuter la troupe. Gardez l'or.

Si elle est en plomb, appelez le chef immédiatement, car c'est inacceptable et scandaleux.

S'il n'y a ni molaire ni mousse ni écrevisse ni assiette, ce n'est pas grave : ça ne va pas tarder à arriver. Patientez.

Si au bout d'une heure, il n'y a toujours rien, vérifiez que vous êtes bien dans un restaurant.

Si la mousse d'écrevisses est bonne, inutile d'appeler le chef pour le féliciter. D'autres le font automatiquement.

Si elle est mauvaise, inutile de le lui dire, car il vous répondra automatiquement : « Mais tout le monde la trouve bonne comme ça ! »

LEÇON N° 28

Le chef doit-il être présent ?

Maintenant, après avoir lu ces quelques chapitres, la structure des nerfs des chefs vous est familière, pas vrai ? Leurs tics, leurs toques, leurs doubles rideaux. Mais pour les amateurs de mets poivrés, j'ai décidé de vous en garder quelques-uns pour le dessert. D'habitude, les chefs, quand vous les brossez dans le sens du poil, émettent de gentils miaulements. Ça ronronne sec. Carrière, prix, hochet en chocolat, diplômes, distinction : laissez venir, le feu de cheminée est en marche. Les bûches s'empilent. Logiquement, si l'oiseau tutoie le firmament, il doit bien avoir quelques petites annexes lui broutillant son chiffre d'affaires : bistrots par-ci, tables d'hôtes par-là, conseils ici, conseils là, démonstration à Stockholm, exhibition à Osaka. Ouh la, ça vient vite !

Je me souviens encore d'un caïd sérieusement étoilé s'éponger le front à la fin d'un dîner. La vie lui souriait, les tapis rouges se déroulaient comme l'eau d'un robinet. On devait être en février et le *Michelin* n'allait pas tarder à sortir ses plats. Je ne sais pas ce qui lui a pris, mais il est parti dans une saccade de confidences, comme s'il voulait s'éclaircir la voix, la pensée. Il regarda sa femme avec ces inquiétudes que seuls les horodateurs savent créer. « Bon dieu, semblait-il penser, ai-je bien garé mon étoile, ai-je bien mis les pièces, vais-je me ramasser une prune ? » Le sujet le taraudait à tel point que la tablée bénéficia de ses tourments : « Tu sais ma chérie, soupira-t-il, si jamais ils nous la retirent, tout ça, c'est fini. Le contrat avec le saumon Duschmoll, les voyages en Californie pour les presse-citrons. Et puis le Japon, ça, le lendemain matin, on reçoit un fax des pompes funèbres… » Ouh la, la tablée était salement secouée, j'ai failli commander une bouteille de *lacrima christi* !

Où en étais-je ? Ah oui ! Bien sûr que oui. Si vous aviez voulu dénouer la situation, vous auriez pu ouvrir votre petit bec bien rangé et sortir une question que les chefs adorent : « Un chef doit-il être présent en cuisine ? »

Sachez qu'après une question pareille, vous êtes sûr que le serveur n'a plus besoin de ramasser les miettes. Logiquement, tout valdingue et vous vous retrouvez une fourchette plantée dans le front. Je plaisante, mais mentalement on n'est pas loin de cette configuration. Les chefs ont horreur qu'on vienne les chatouiller sur ce chapitre. Joël Robuchon, as de la coulisse, avait raison de ne jamais venir en salle, cela lui permettait de faire ses voyages en toute discrétion. Mais il n'est pas le seul à le faire.

N'oubliez jamais que lorsqu'une étoile vous tombe sur le crâne, le lendemain matin, la vie change (la veille également) : le coiffeur rase gratis et dans le sillon de votre renommée, les contrats pleuvent. Tout le monde, donc, le fait et chacun a sa formule pour faire taire les mauvais esprits : « Lorsque je ne suis pas là, c'est aussi bon, dit Paul Bocuse, car celui qui fait la cuisine la fait lorsque je suis là. » Alain Ducasse s'étonne ingénument : « Demande-t-on à Ferrari de serrer lui-même les boulons ? » D'autres, que nous ne citerons pas par charité, évoquent Michel-Ange, Beethoven, Mozart. Et pourquoi pas Anelka ?

Alain Ducasse, l'étoile polaire

Parmi les grands chefs, Alain Ducasse est sans aucun doute celui qui provoque autant de questions sur la philosophie de ses absences et de ses présences. « Je suis là où il faut », répond-il à ses détracteurs. Autres réponses, son palmarès cinglant, ses créations limpides, sa force de percussion inégalée dans le monde. Ceci posé, ses étoiles restent toujours un tantinet froides.

Depuis quelque temps, l'ex-salle du Régence, au Plaza Athénée, à Paris, a effectué son saut dans le siècle. Le lieu est frappé de modernité chic. Les lustres sont dorénavant gantés d'organza métallique, l'horloge a perdu ses bras, seule une cavité chausse le temps. Ouh la, il fait XXIe siècle ! Chose étrange, le soir de la première, Alain Ducasse était là. On le pensait ailleurs. Comme ces êtres qui pensent trop, qui ont laissé pousser leur front. On le pensait parti. Où ça ? En lui, pardi ! Alain Ducasse appartient à cette race étrange et captivante – d'écrivains, de compositeurs – qui interposent leurs livres, leurs mélodies entre eux et la vie. Chaque nouveau livre, chaque nouvelle carte, nous les enlèvent un peu plus. Leur présence deviendrait presque inutile. Ils ont semé leurs traces, leurs cailloux blancs. Ils nous ont aussi semés. Ils vous tendent la main, mais vous n'avez plus que leurs doigts.

La cuisine d'Alain Ducasse est devenue d'une métronomie indéfectible. C'est une horlogerie suisse. Dès le premier soir, c'était monstrueusement impeccable, cinglant : le homard breton au curry épicé, la tomate marmande en délicate gelée doublée d'une gratinée de parmesan, le menu crustacés... Déjà, c'était parti ailleurs – mais presque sans nous – dans une démonstration, une course à l'étoile (polaire), un triple salto de pigeonneau désossé, de moka-sabayon au café (celui-là !), de langouste au bouillon de cèpes. Bouh, à la fin de la soirée, j'étais sonné, mais curieusement triste. Comme si un chef nous avait quittés pour l'apesanteur, la crucifixion dans la galaxie, la lyophilisation dans l'univers. Sans doute le souvenir d'une cuisine de Riviera (Monte Carlo et sa verve incendiaire), onctueuse, chaleureuse. Une cuisine à prendre dans ses bras. Comment dire ? Il y a dans toute belle et bonne cuisine une dimension de « Mamma » de plats odorants, sensuels, dodus ; cette simplicité qui nous réconcilie avec l'émotion. Ici, à Paris, j'aurais voulu pleurer mais pas d'absence.

Alain Ducasse a prouvé jusqu'à l'absurde combien il était calé, fortiche, roi technique maîtrisant le temps (c'est le *Mother's space, father's time* de Joyce). Mais à force d'être poursuivi (l'adversité, la petitesse du milieu), il est devenu irrattrapable. Plus il se rapproche des dieux (façon de parler), plus il s'éloigne de nous. Or justement, ce que nous voulons dans la cuisine, c'est la dimension païenne (admirer, *so what ?*). C'est la communion, l'émotion (*please !*). C'est l'attraper, l'accompagner, partager sa route, le pain. Pas celle d'un univers gastronomiquement correct, comblant d'aise une clientèle chic qui ne souhaite pas trop se mêler, ni vraiment croiser ces chefs et leur fausse présence (« Ça a été ? » Non. « Ah bon ! »).

Les chefs absents nous rebattent les oreilles en expliquant que ce n'est pas monsieur Ferrari qui serre les boulons. Pfuit ! Balivernes, ce serait oublier que la gastronomie est une quête de don, d'enfance (la becquée). Même si le chef est derrière dans l'écume des fourneaux, sa présence n'a rien d'irrationnel. Elle calme, lisse, amadoue, donne de l'humanité. À partir, les chefs ont fait une génération d'enfants insupportables, pignants, exigeants. Nous voulons certes de l'étoile, mais surtout de l'amour.

Alain Ducasse
25, avenue Montaigne 75008 Paris
Tél. : 01 53 67 65 00
Ouvert tlj sf sam. et dim.
(uniquement jeu. et ven. pour le déjeuner).
Accueil jusqu'à 22 h 30.

LEÇON N° 29

Faut-il visiter les cuisines ?

Ouh la, c'est un vieux truc de professionnel que d'aller voir si les cuisines sont dignes de la cuisine. Sincèrement, les critiques n'ont rien à faire dans ces lieux. À chacun son territoire, et les poules seront bien gardées. C'est vrai, les cuisines constituent un bon indice pour étayer un jugement et c'est à ce titre que le *Guide Michelin* délègue un inspecteur dont la mission est de se présenter, puis d'inspecter les locaux techniques, les frigos, l'écuelle du chien, l'eau des radiateurs. Mais mieux vaut laisser tomber. Il m'est arrivé une ou deux fois de le faire et, croyez-moi, l'exercice est bizarre, à la limite douteux. Alors ?

Sachez que les chefs ont d'autres choses à faire que jouer les guides, montrer les tubulures de leur talent, le ventre du four, les rotules des frigos. Les cuisines, c'est leur domaine, leur intimité. Et puis, ça fait tout de même un peu république bananière que de se promener les mains dans le dos pendant que les pious-pious astiquent la fonte et l'émail.

À la rigueur, jetez un œil discret en passant à proximité, mais n'insistez pas : votre place n'est pas là, mais au-dessus de l'assiette.

Ne visitez les cuisines que si elles sont réputées pour leur côté spectaculaire et prévues pour la visite. Faites-le par exemple dans de grands hôtels ou des palaces, où là c'est vraiment grandiose.

LEÇON N° 30

Quelques petits tests pour vous détendre...

Parmi les critiques gastronomiques, certains ont toute une petite armada de trucs infaillibles pour voir si le service a le mollet véloce. C'est un brin vicieux mais, il faut l'avouer, un restaurant parvient à livrer toute sa vérité en quelques secondes. Alors pourquoi se gêner, d'autant que lorsque ce genre de désagréments vous arrive vraiment, vous êtes là en train de potasser votre manuel de bonnes manières...

Premier test : le cendrier plein. En toute logique, celui-ci ne doit pas rester trop longtemps encombré de cendres, mégots, noyaux d'olive. Disons que dans les cinq minutes, il doit disparaître. Dix minutes, ça va encore. Mais tout le repas, c'est pas bien du tout !

Deuxième test : le couvert qui tombe. Ça, c'est comme la grenouille de laboratoire. Bing-badaboum, un vrai professionnel a logiquement les oreilles qui pointent, le torse qui se tourne instinctivement dans la direction du couvert tombé. Dans l'ensemble, la plupart des restaurateurs réagissent vite et remplacent le couvert. Souvent, le couvert tombé (et probablement moins propre qu'avant) regagne... le bac des couverts propres. Mais l'hygiène dans les restaurants, c'est souvent coton.

Troisième test : le plat manquant. S'il est vrai que demander un feuilleté de langouste dans un petit bistrot risque de témoigner de votre inculture et d'une authentique bêtise, en revanche, personne ne saurait vous blâmer si, dans une grande table, vous demandez un plat simple comme bonjour : une salade verte, un poisson vapeur... À part les restaurants d'auteur, une grande table de palace ou un trois étoiles amorti sauront y répondre avec le sourire. Ne faites pas cette demande avec un air de défi à la De Funès, mais simplement et gentiment. Logiquement, elle sera exaucée. Cependant, la plupart du temps, les maîtres d'hôtel un peu durs de la feuille ont besoin qu'on leur répète une bonne tripotée de fois. « Oui, font-ils, nous avons une salade de homard ou la salade aux truffes. » Soyez alors aussi obtus car, de toute façon, il vous facturent la paisible salade à prix de caviar. Un bon maître d'hôtel a l'habitude de ce genre de demande et l'accueille avec autant de simplicité et de gentillesse que vous avez mis à la formuler.

Autres tests : la serviette qui tombe, le médicament en poudre qui macule votre verre, demander de l'huile d'olive, de la fleur de sel, un moulin à poivre...

Ikea,
j'y crois pas !

Il faudrait, de temps à autre, envoyer les critiques gastronomiques faire comme tout le monde. Sortir de l'argenterie, des additions à quatre chiffres et autres fanfaronnades moelleuses. On devrait leur faire subir quelques tests : reconnaître un petit pois d'un melon, de l'eau... Et, pourquoi pas, les envoyer *manu militari* (en RER de préférence) en banlieue, et ce, avec tout le monde. Non mais !

Régulièrement, je n'y coupe pas : lors du choix des sujets, une sorte de jubilation sardonique s'empare de l'équipe du *Figaroscope* pour affecter les adresses à tester. Sur le thème nordique, je m'étais discrètement empépérisé sur le restaurant étoilé Copenhague (oui, étoilé) et m'apprêtais à descendre avec mes gourdins, lorsque, dans un esprit pathétiquement malade, naquit l'idée d'aller voir du côté de la ZAC Paris Nord II, visiter les rennes. Troquons donc le cachemire pour le jean-baskets, embarquons la famille vers Ikea, paradis du porte-monnaie. Par malchance, il y a même un restaurant ouvert jusqu'à 21 h 30, les soirs de nocturnes (le jeudi).

La queue

Oh, je vous imagine ricaner au-dessus de ces lignes. Ben oui, la queue, le plateau qui glisse sur les rails d'alu, l'air bête, les couverts, l'odeur de cantine, le néon. Bref, la vraie bonne piqûre de rappel, celle de la réalité. Fini de miauler la bouche pleine, la cuillère en argent coincée dans les amygdales. Au taf, sur le terrain, et zou une dizaine de pompes. Oui, mon adjudant ! Et avec le sourire, s'il vous plaît, pour le flash-back sur les années 20 centimes, la vraie faim : une baguette ou le journal du soir ? C'est propre, un peu lugubre, mais sincèrement, ce n'est pas la mine.

Le menu

Saumon au gravlax. Pour 32 F, il n'y a plus rien à dire. Vous n'allez pas réclamer la ristourne, ni comparer ailleurs pour voir s'il y a moins cher. Non. En plus, on a balancé une branchette d'aneth, un petit pot de sauce aigre-douce, de la laitue tumultueuse. Est-ce bon ? Lorsqu'on vous pose ce genre de question, logiquement, ça tombe : pif paf pof, le short ou la veste est taillée. Mais ici, rien. Pas de mot. Ce n'est pas que ce soit mauvais, mais rien ne vient. Alors on mange, il fait faim.

Poisson au gingembre. L'intitulé avait un joli petit air, une petite touche canaille, taquine. Pfuit, le charme était passé à travers le chariot. Froid, même pas tiède. C'est curieux, un poisson froid, on a l'impression de rentrer dans son intimité à son insu. Les heures de bureau sont terminées depuis longtemps, vous voilà malgré vous en train de fouiller dans les tiroirs, voir les courbes, les dossiers, les fiches. Personne ne patrouille, vous êtes seul dans cette spéléologie des entrailles. La chaleur d'un plat, c'est un peu ses habits, sa représentation, sa dignité retrouvée, l'ultime parade. Le tiède, l'arrivée du froid sonne le glas, réveille l'identité, la nature. Pas glorieuse, lointaine, fuyante, révolue.

Blanc-manger. Très joli dans son disque cerclé de chocolat, mais en bouche, du vent, de l'air. Pas mauvais au demeurant, mais de l'air food, de l'impalpable, de l'irréel. Rien à voir avec le blanc-manger. Ou plutôt si, c'est blanc et on mange. Comme si la société en était devenue à ce point persuasive. Blanc mangeons donc, puisque c'est écrit. On est au début d'un cauchemar, mais il est parfaitement climatisé. Dans le crumble aux pommes, par chance, apparaissent deux petits caillots de pomme. On a presque envie de les embrasser, de leur serrer la louche, de les tutoyer.

Le service

Bien sûr, il n'y a pas de Suédoise pulpeuse entrebâillant son décolleté pour vous servir

des boulettes de poulet, mais une Mama dominicaine, gentille et arrangeante.
Ça passe.

La clientèle

Oh, ce n'est guère la fête, à 21 h 30 sous les néons. Disons que les piles sont vides depuis longtemps. Les fonctions tournent encore par mémoire. Mais les sourires, la joie sont oubliés, stockés pour Noël. Petits blancs vidés de leur sang cherchant l'ultime extase dans des achats compulsifs. Même pas d'écœurement, une infinie lassitude. Seule une tablée d'Africains pas mécontents de leurs emplettes rappelle qu'on est encore en vie.

Et alors?

Ouh la, le soir, c'est un peu glauque tout de même, c'est la période de postfatigue imbibée de mélancolie, encrée de spleen. Et l'humanité dans un ultime moment de gentillesse balance des plats à prix de dînette, à peine plausible. Paradoxalement, il n'y a pas ce cynisme grinçant que l'on rencontre dans les mauvaises brasseries, ni de plats immondes, juste des nourritures apeurées dans leur simple appareil, quelques petits gestes d'humanité (une branche de persil, des amandes déposées), c'est tout mais c'est parfois immense.

Faut-il y aller?

Vous n'auriez pas d'autres questions ?

Est-ce cher?

On peut reprendre des frites (12 F), faire des enfants (1 F le menu). Jamais vous ne pourrez atteindre les quatre chiffres d'un restaurant des Champs-Élysées.

Ikea
Centre commercial Paris Nord II
Tél. : 08 25 09 58 25

LEÇON N° 31

Comment surveiller les températures ?

« Attention, soupire un serveur martyr, c'est très très très chaud. » Logiquement, il n'avait même pas besoin de le dire. Vous l'avez repéré depuis la cuisine, arrivant le front en sueur, les yeux dilatés, les mains entourées de serviettes réfrigérées. Jamais il n'avait remonté l'allée aussi vite, évitant de justesse le chariot de fromages, quelques sacs à main, le chariot des alcools. Le malheureux se déleste des assiettes incandescentes, se retire du chaudron et présente, en toute civilité, « l'émincé de petits pois aux ailerons de fourmis du jardin épilés par nos soins ». C'est la dernière vacherie des cuisiniers à l'attention du service, une brave perversion que je les soupçonne de lorgner depuis leur hublot. Il y a certes un souci louable de servir chaud, mais on n'est tout de même pas à la terrasse d'un restaurant de piste en plein blizzard. En servant brûlant, le chef semble vouloir garder le plat sous son emprise (fût-elle hérétique), la cuisson continue, il n'y a plus qu'à attendre, le plat fait son intéressant. C'est comme si un peintre vous délivrait sa toile la peinture encore fraîche ou le teinturier votre chemise encore toute trempée. Bah, le tout, c'est de ne pas être distrait...

Cela m'est arrivé dans un restaurant d'Avignon. Une composition de légumes est apparue toute sémillante et dans l'euphorie de l'instant, j'ai engouffré quelques végétaux. Pas besoin de vous faire un dessin, il serait du reste plutôt animé et tiendrait du Tex Avery. Joues soufflées, front perlé, yeux suppliciés. Quant au palais, n'en parlons pas : le dôme devait être carbonisé, les peaux cramées, la céramique des dents fêlée. J'ai avalé néanmoins une gorgée de vin blanc, remercié le ciel d'être encore en vie. Un maître d'hôtel s'est inquiété et m'a demandé : « Cela vous plaît ? » « Disons que c'était brûlant. » ai-je répondu devant un bellâtre circonspect se demandant si je maîtrisais le vocabulaire gourmand. « Ah oui, vous voulez dire chaud ?! » Je l'aurais bien passé au micro-ondes, gourmette comprise.

Si bien que lorsqu'à une table proche de l'Opéra, l'abricot frais rôti au four est arrivé, je me suis contenté de le voir crépiter, darder, lancer ses étincelles. J'ai levé ma serviette comme une muleta pour laisser passer la fournaise. Quelques minutes plus tard, la composition s'éteignait dans une agonie terne. L'abricot était mort sans gloire, la crème aux amandes avait été fouettée pour des pommes, et le pâtissier travaillé pour des prunes. Je tenais ma vengeance.

Vérifiez toujours du plat du doigt la chaleur de l'assiette.

Au besoin, précisez à la commande les températures souhaitées. Les légumes sont ainsi excellents tièdes, mais *grosso modo*, rien n'est bon brûlant.

Une (grave) erreur qui est toujours commise : les glaces servies glacées. Elles devraient être seulement froides. Précisez-le à la commande du dessert lorsque celui-ci est commandé dès le début.

LEÇON N° 32

Comment se faire changer de bouteille de vin ?

Tout d'abord, mieux vaut éviter de se retrouver dans ce genre de situation en déterminant bien son choix. Voilà pourquoi il est préférable de mettre le sommelier dans sa poche dès le départ, cela permet de devancer tous les problèmes, à défaut de les régler. C'est ce que je fais traditionnellement, partant du principe qu'un sommelier connaît bien sa carte. Certes, on s'expose au fourgage des soldes mais bon, la majorité de la profession témoigne tout de même d'une vague probité. Quoique. Comme dans toute profession, il existe des tordus de première.

Je me souviens encore de cette table puissamment étoilée du Ier arrondissement, où j'avais réservé pour déjeuner avec un spécialiste du vin. Nous passons la commande, choisissons un vin (une gentille bouteille de côtes-du-rhône), bref, le repas s'élance paisiblement. Le sommelier revient avec la bouteille, déploie les salamalecs réglementaires (présentation de la bouteille, index sur le millésime et tout le bla bla). Il goûte le vin puis le sert. Les plats arrivent, nous buvons une gorgée : bouchonné. Nous appelons le sommelier, lui faisons goûter et d'un commun accord, constatons que la bouteille a un sérieux coup dans l'aile.

Longtemps cette anecdote m'a taraudé, lorsque quelques années plus tard, je suis retombé sur l'oiseau. « Vous savez, dit-il avec une importance pleine de ruse, je savais que la bouteille était bouchonnée, je voulais juste voir si vous étiez capable de le déceler. » Comme quoi, la connerie est une chose plus courante qu'on l'imagine...

Faites comprendre au sommelier, dès le début du repas, que le choix du vin est important pour votre repas.

Lorsque le vin arrive, concentrez-vous un minimum et balayez promptement l'horizon des défauts.

L'idéal est de connaître le jugement du sommelier. Logiquement, ils sont sincères dans cet instant.

Ne dites pas « Je n'aime pas » (quoique), utilisez plutôt des termes objectifs : terne, éventé, vieux, transparent, aqueux, madérisé, acerbe, âpre, cassé, bouchonné, voilé, piqué, petit, plat, fermé, déséquilibré, fatigué, goût de serpillière...

LEÇON N° 33

Qu'est-ce qu'un bon plateau de fromages ?

Moment paraît-il sacré de la table, le plateau de fromages est en fait le mal-aimé des repas. Pourquoi ? Parce qu'il y a un chef du salé qui s'étale et un chef du sucré qui piaffe, pardi. C'est comme si on demandait à une radio de rajouter une vingt-cinquième heure. L'appétit est depuis belle lurette explosé, vous êtes actuellement à 8 700 calories, l'estomac est rassasié, pire, il erre au bord de l'absurde, les desserts vont arriver et, pour être prosaïque, il n'y a plus de place. Pourtant, il y a bien une façon sensée de manger du fromage, sainement, gaiement. Alors, pour cela, construisez votre repas en fonction de ce désir et arrivez avec appétit à cet instant crucial. Bien entendu, les grands restaurants s'affranchissent correctement de cet exercice et délivrent un choix impeccable. Mais dès qu'on baisse dans le standing, les choses se gâtent : arrivent les plateaux approximatifs, vaseux, lorsqu'ils ne sont pas douteux.

L'instant du fromage est souvent un moment où les caractères se dévoilent. J'ai le souvenir d'un ami hautement sanguin qui, depuis le début du repas, cherchait la petite bête dans un restaurant somme toute modeste de la région nantaise. Je ne sais pas pourquoi, mais il y avait du contentieux dans l'air. Sans doute une demande pas satisfaite. Toujours est-il que notre énervé avait quelqu'un dans le nez. Souvent, on cherche qui va morfler. Ce ne fut personne, mais le plateau de fromages. Il était pourtant bien terne, mais puissamment dodu. L'agacé lui fit un sort : pressentant que son geste énerverait la direction, il ne se priva pas de vider proprement et simplement le plateau. Je le vois encore souriant sardoniquement, la bouche pleine de gruyère. Je vous laisse à vos réflexions pour la morale de l'histoire.

Premier indice : hygiéniquement, un plateau doit être irréprochable. Les fromages ne doivent pas se toucher, les coupes doivent être nettes.

Pas de contact avec de la paille, c'est la règle. Non seulement c'est un peu « crade », mais en plus, question germes, c'est potentiellement explosif pour un petit estomac citadin.

Trop de fromages sur un plateau ne signifie rien. Entre sept et douze, c'est parfait. Au-delà débute le cirque et surtout le début du gâchis.

Des étiquettes sur les fromages ? Mouais, disons que les amoureux de la chose préfèrent un plateau clair, débarrassé des pancartes routières.

Attention aux pains, c'est souvent le moment où l'on ressort de laborieuses compositions à base de raisins et autres petites misères cabossées. Évitez. Si vous voulez du raisin, prenez de vrais grains bien juteux : avec le fromage c'est un joli contrepoint.

Pour les vins, laissez travailler le sommelier, mais surtout ne vous interdisez pas la route des blancs, c'est ici que s'opèrent les meilleurs mariages. Pour ma part, je demande toujours un fromage qui aille avec le vin qui reste dans mon verre.

LEÇON N° 34

Comment tester les bons desserts ?

Vous l'avez remarqué, comme à l'arrivée du plateau de fromages, lorsque vient l'instant des desserts, il y a un petit truc très gênant : on n'a plus faim. Petite explication de texte. Il faut considérer l'appétit comme un territoire à conquérir. Or, dans les grandes tables, le tiers (ou disons la moitié) des visiteurs n'ont pas une faim dantesque. La plupart sont en représentation, en lustrage social. Les autres becquettent avec bon entrain. Laissons-les à leur benoîte félicité. Et retournons à nos contrariés que les chefs connaissent à fond.

Ces derniers, à part quelques rares exceptions, sont des maîtres du salé. Leur talent se niche là. C'est dans les entrées et les plats qu'ils ont tout le loisir d'ouvrir leur roue de plumes. Le dessert c'est plutôt, à les écouter, un truc de gonzesse, le supplément sur lequel ils raflent quelques royalties mais, à leurs yeux, la messe est dite, et c'est souvent avec une bonté navrée qu'on vous apporte la carte des desserts. D'ailleurs, lorsque vous demandez à un chef combien ils sont en cuisine, il répond : « Huit. Plus deux pâtissiers. » Pigé ? Fort de ces clés, vous comprendrez que le continent du sucré se bat dans de rudes conditions. On comprendra d'autant mieux pourquoi les desserts se démènent comme des forcenés, s'agitent, frappent, se perdent, moulinent dans l'air, jouent les affolés, les désespérés.

Voici néanmoins quelques repères pour mieux patrouiller ce continent divin.

Le feuilletage : le grand test. Un dessert ne doit pas être constitué de biscuits superposés (la grande mode cossarde). Ce doit être un véritable dessert : du tranchant de la cuillère (ou de la fourchette), la construction doit s'effondrer dans un mouvement cristallin et magique. Si c'est le cas, alors bravo (et bonheur).

Les glaces : surveillez-les, ce sont souvent des catastrophes. Les meilleures, pour ceux qui ont eu le bonheur d'en faire (ou d'en goûter), sont de toute évidence les glaces turbinées à la minute. C'est de loin le meilleur repère : onctueuses, légères, crémeuses, froides (pas glacées). Les autres traînent lamentablement les pieds.

Évitez, dans un restaurant modeste, les œufs en neige, ce sont des bombes à retardement. Rien n'est plus fragile que les œufs travaillés ainsi. Ils devraient être faits à la minute. Or, bien souvent, on les voit trôner « à l'ancienne » dans une jatte sur la table d'entrée. Bouh !

Et la crème brûlée ? Chacun a ses repères. L'idéal consiste à bénéficier, dans la même cuillerée, de la surface caramélisée encore chaude (elle vient juste d'être passée au chalumeau) et de l'intérieur crémeux à souhait et encore frais. De la crème brûlée (comme de la mousse au chocolat), chacun a son souvenir. Il fut peut-être raté, approximatif, peu académique... Qu'importe, c'est dorénavant lui qui préside. Pourquoi ? Seule votre mère, dans la plupart des cas, tient les clés. Voilà pourquoi pas mal de chefs prennent la tangente et jouent à côté : crème brûlée au pamplemousse, au café, à l'abricot, à l'orange, au chocolat... Et ça y va ! On vous a déjà servi dans votre enfance des crèmes brûlées au saumon fumé ?

Et le chocolat ? Curieusement, c'est une des notes préférées des gourmands. Tellement préférée qu'elle en devient intime. C'est assez frappant de voir les dingues de la chose esquiver avec pudeur cet instant sacré. Le chocolat semble appartenir aux plaisirs solitaires, non partagés. On croque ailleurs son carré, on s'isole dans son culte. Aussi, les desserts chocolatés au restaurant ont une drôle de vie. Car le chocolat est un élément délicat à travailler, cassant, fuyant et en même temps impérieux, terrible. Pour ma part, la mousse au chocolat présente le bon test. Il faudrait qu'elle soit comme fraîche de l'instant. Jamais de la veille (on voit d'ailleurs les craquelures le long des bords du plat), on devrait sentir également cet instant de la mousse : l'enveloppé des blancs d'œufs par le chocolat. Lorsque la mousse a su garder ce mouvement, cette grâce (l'air emprisonné), alors on risque de prendre un certain plaisir. J'aime également qu'elle soit mouillée, point trop sèche et raide dans son expression, qu'elle s'adonne et nous envoie dans les limbes.

La Flèche d'or, « abracadabrantesque »

Le dessert n'est pas toujours dans l'assiette. Rien ne vaut de sortir de son disque et de lever le nez. Souvent, la vie ruisselle...

Sur le coup, je n'ai pas réagi. Mais lorsque l'ordre de mission m'est arrivé, il indiquait « Flèche d'or, XXe arrondissement ». Chic, sortir de la tête de veau, de la nappe à cravates, des chefs susceptibles comme des chattes. Pas de réservation. En solo comme un grand, histoire d'éviter les pleurnicheries des déçus, les becs de travers, les jets citronnés des semi-institutrices, des cars de flics. Un petit coup d'œil aux guides, histoire d'arrimer l'embarcation. Ouh la, *Gault Millau* dit « Bof » sur les nourritures, quant au *Routard*, en néobeauf truculent, il lance son point d'exclamation : « Chiens non tenus en laisse autorisés ! » Autant dire que pour une gare immobilisée, il y avait du voyage dans l'air !

Le lieu

Bon sang, quel bain ! Du naguère ouaté dans la naphtaline soixante-dix, de l'obscurité comme dans les surprises-parties de garage, des teigneux, des gribouilles, des gouapes, du contact, du frottement. Une gare donc, désaffectée, de l'ancienne Petite Ceinture, reprise, il n'y a pas si longtemps, par des étudiants des Beaux-Arts. C'est dire qu'on a évité le chloroforme, la mise sous globe, le groupe alimentaire, l'attachée de presse, les coupures. Vaste hall avec ses devantures, un lieu gardé dans son jus, ses verrières et surtout l'appel au départ : deux lignes s'engouffrant dans la nuit, nous laissant à quai.

Les nourritures

Là, je marche sur des œufs de lump. C'est pas mal, vaguement « bof », vraisemblablement mauvais, mais plutôt dans le genre dînette qui n'en a rien à battre. Alors salade antillaise avec des crevettes à l'élocution douteuse, de l'ananas, de la sauce, du volume, à engouffrer un soir de fringale, de grands bruits, de joyeuse compagnie. Des magrets de canard en caramel de citron. Au bout d'un moment, la faim faisant et ma solitude pesant, je me suis mis à manger comme on écoute des sons nouveaux : purée de carotte, de tout, sauce sirop. Même le tiramisu, annoncé comme « excellent » par l'adorable serveur, avait l'air d'une *drag queen* égarée dans une impasse. Drôle, sans doute mauvais, mais finalement sympa, comme ces rencontres irréelles que l'on se donne au hasard de la nuit, dans ses dérives, ses obliques : si vivantes, tellement loin de la réalité.

L'atmosphère

D'un côté les vitres du restaurant donnent sur la voie, de l'autre sur la salle. Sur la scène, pendant toute la soirée, des groupes, des duos, des solos défilent. Au début, on reste assis sur le derrière. C'est abracadabrantesque, comme on dit lors d'un choc : déluge de tout, sauf de n'importe quoi. Un dandy d'un autre âge, joliment fêlé, vient swinguer sur la scène à la plus grande joie de l'assistance. Ça dérape dans la joie lorsque le patron, ganté de cuir et de morgue, revient mettre de l'ordre dans cette épatante pagaille. Il a une voix terrible, nasillarde, à faire rougir les jeunes filles, une voix de paillard, écumant une rage comestible. Ça part dans tous les sens. Long monologue écumant, vivats de la salle, diatribes qui suscitent des « ouais » biéreux et puis, tout à coup, notre homme s'emballe, dirige un regard noir vers notre esthète gesticulant et sort son index vers le zazou valseur : « Va danser dans les chiottes ! » Hilarité consternée de la salle lorsque les suivants déboulent : une poétesse qui arrive en catimini puis écume, enrage, s'exalte, passe hors d'elle, s'éventre, crache sur « sa gueule de chien ». Lorsqu'un simili Brassens débarque avec un pipeau, on se gratte la tête, on avalerait sa carte bleue, on oublierait son code d'immeuble, son numéro de Sécu, pour rejoindre la cohorte, réciter Rilke les larmes aux yeux, l'âme aux lèvres.

Faut-il y aller?

Je me demande bien
si je ne vais pas y retourner.

Est-ce cher?

J'en ai oublié le prix.

La Flèche d'or
102 bis, rue de Bagnolet, 75020 Paris
Tél. : 01 43 72 42 44
Ouvert tlj. Attention, les spectacles n'ont pas lieu tous les soirs. Se renseigner.
Comptez 150 F.

LEÇON N° 35

Comment réussir un repas amoureux ?

Autant le dire, c'est souvent le jour de la Saint-Valentin que se déroulent les pires des repas en amoureux. Et ça y va en eaux de toilettes, semelles de plomb et traquenards cousus de fil épais. Ce jour-là, mieux vaudrait s'abstenir ou alors sublimer, transcender, jouer le va-tout (sinon rien). La Saint-Valentin se joue tous les jours et se déclenche sans crier gare. Un repas amoureux se fait par amour, on va dire par sentiment. Logiquement, ces repas vous ressemblent. Évitez de faire comme les autres. Soyez vous et logiquement tout devrait bien se passer. Voici néanmoins quelques petites précautions d'usage.

Évitez les restaurants trop romantiques style pièges à fille (à garçons), bouquets de fleurs, boudoirs et couples entre eux. À l'inverse, évitez également les endroits laids, bruyants, mal éclairés, à moins que vous ne souhaitiez le plan *trash*.

Pas de nourritures lourdes comme le foie gras et le lièvre à la royale, plutôt des mets ailés et toniques style poissons, caviar, *world food*...

Quant à l'allégresse qui fait la réputation de certains produits, elle se situe souvent dans les prix (comme avec la truffe). Mais l'iode des huîtres, les vitamines du caviar (voir leçon n° 19 : Comment garder son sang-froid face aux produits intimidants ?), l'allicine et l'allinase de l'ail (on combattra le parfum en croquant des grains de café), le gingembre et le poivre peuvent constituer des renforts amicaux.

L'improvisation soit, mais autant prévoir un tout petit peu, trouver un bar près du restaurant pour proposer *the last*.

Réservez la bonne table, ça se mitonne longtemps à l'avance. Et même très longtemps à l'avance. Si certaines tables limitent les délais de réservation à un mois, d'autres acceptent de les prendre beaucoup plus en amont. Pour le 14 février, tablez pour le début de l'année. Si ce repas d'amoureux est de la plus haute importance, n'hésitez pas à vous déplacer, afin de reconnaître les lieux et d'orchestrer ce moment rare.

Profitez de l'occasion et mettez le directeur de salle dans votre poche. Lors de la réservation, réglez déjà le champagne préféré de la bien-aimée (ou du bichon). Lorsque vous arriverez, il vous attendra.

Il faudrait, pour bien faire, pouvoir tout oublier : les prix (régler sans vérifier), la qualité des produits (pas d'incidents, ou alors, que cela rentre dans une stratégie fantasque). Le repas devient un prétexte, la nappe de restaurant la toile de votre romance…

Si vous voyez, enfin, un critique gastronomique travaillant le soir de la Saint-Valentin, ayez de la pitié et ne suivez pas ces conseils.

Au Café de l'Industrie, oublie-moi

Dans le sentiment, les nourritures tiennent bien souvent la bougie. Elles flottent alors, se demandent, folâtrent, remuent du derrière, voudraient qu'on les suive. Elles sont gauches, voudraient suggérer, impulser, mais elles ne peuvent rien. Elles restent sur la branche, s'égosillent. Mais il y a une vitre. On les regarde claquer le bec, rien ne passe. Au Café de l'Industrie, à la Bastille, vaste volière aux oiseaux chamarrés, les nourritures ont vite fait de renoncer. Les appétits sont trop volages, les cœurs battent un curieux rythme. La romance fait tanguer, effleure des doigts.

Le menu

Tartare de saumon. La commande est vite passée, elle revient dans une traduction simultanée. La salade arrive promptement, vole dans son assiette comme un frisbee : un vrac de saumon dynamité au couteau, gisant sur un linceul de salade. Ce n'est ni bon ni mauvais. Nourritures hâtives de guerrier sur le sentier, astiquant le palais, énervant les tissus. Mais la salade ébouriffée vous tord la bouche, fait briller l'amorce du menton. Ma vise-à-vise est plantée dans le décor, happe les passages, s'emporte dans la foule. Nos voisins, à dix centimètres, encerclent notre silence.

Poisson du jour. Je ne me souviens plus du pedigree de l'engin : il est accompagné d'un tumulus de riz, brave mamelon granuleux, honnête balise argos dans une débâcle aussi banale que prévisible. L'assiette semble dire : « Oublie-moi ! Pense à toi. » La conversation s'embraye. Une voisine fait mine de s'absorber dans la lecture d'un quotidien du soir. J'ai non seulement l'impression de m'adresser à elle, mais je le fais. Sans qu'elle ne s'en rende compte.

Feuilleté aux pommes. Dans le brassage à la fois lourd, vif, troublant des regards, on a l'impression d'être dans un congrès de phares, une assemblée de jumelles, une université de sentinelles. Coudes sur la chaise, les mateurs, les observatrices jettent leur filet ailleurs, allument des mèches, enclenchent le gyrophare, colmatent les brèches. Le dessert est idéal pour amorcer une complicité (vieux truc soldé de boulangerie en faillite), vous pousser ailleurs ou continuer cette infusion chaude.

Le service

Gentiment débordé, en équilibre souriant.

Le décor

Il est attendrissant avec ses craquelés, ses lumières jaunies, ses climats sépias.

Les tableaux se mêlent aux figurants, vous décrochent la tête. Comme dans les plats, une abondante constellation d'« accidents » sur les murs (coups de spatule, larmes de peinture, poussières, rides) vous ramènent à un ordre brouillon (vivent les herbes folles !) qui n'est pas déplaisant (bruits, miettes, fumées).

La clientèle

Futurs amants, couples en no comprendo, fausses querelles, désarrois charmants, silhouettes vacantes, touffes de regard, faux mangeurs, vrais vivants.

Et alors?

La gastronomie, dans son louable souci d'excellence, jette parfois les convives dans sa tyrannie gourmande et les transforme alors en faire-valoir. C'est la grand-messe avec ses récitants et son rite assis. Du reste, les seuls instants amusants se produisent lorsque les convives se lèvent et quittent leur rôle d'homme (de femme)-tronc, ou jouent les clandestins (bâilleurs, mal élevés, déprimés). D'autres restaurants, au contraire, par des nourritures accessoires, vous laissent le bon rôle. La star, ce n'est ni le chef ni l'assiette ni le décor, mais, ce soir de Saint-Valentin, vous et votre sentiment.

Au Café de l'Industrie, le test est impitoyable : si vous n'avez rien à dire, rien à suggérer, à donner, l'assistance vous croque. Mais si vous traversez ce déluge d'images, cette douche de regards, alors c'est tout bon. Un sentiment est né.

Faut-il y aller?
Si vous êtes dans le quartier, oui.

Est-ce cher?
Indolore.

Café de l'Industrie
16, rue Saint-Sabin, 75011 Paris
Tél. : 01 47 00 13 53
Ouvert tlj sf sam., jusqu'à 2 h.

LEÇON N° 36

Comment raccourcir un repas ?

À chacun son timing, il est des natures véloces, d'autres lentes et longues. J'imagine la contrariété de la première catégorie obligée d'épouser le slow des escargots, la chenille des tortues. Rien de plus rageant que l'immobilité. Mais on peut éviter cette volupté de l'extrême (quoique) et devancer de légitimes démangeaisons.

Je me souviens d'une interminable soirée où les chevilles se tordaient de languissement. Il était 23 h 30 et on en était aux suprêmes de volailles sauce suprême. Franchement, il y avait de quoi mordre, surtout que, dans ce genre de plan, il n'est pas bien difficile d'imaginer qu'on a bien mieux à faire. J'ai même vu des gens très civilisés prendre la mouche, s'énerver d'une manière spectaculaire, comme s'ils étaient assis sur une fourmilière. C'était un banal traquenard de chef. Nous en étions à la seizième bouteille, au dix-huitième entremets, lorsque cet ami d'une retenue légendaire se leva, fonça sur un téléphone de service, appela à l'autre bout de Paris une gredine qui l'attendait d'épaule ferme. Rien n'y fit, le chef le ressentit comme un blasphème. Mais secrètement, j'aurais fait comme ce héros du bon sens. Je me serais bien levé, j'aurais quitté sans saluer, me grillant à mort comme on le ferait d'une ultime cigarette.

La **meilleure des parades** reste de toute évidence la compréhension du personnel. Avant même de vous mettre à table, donnez les règles du jeu au responsable de salle : repas en 60 minutes et l'addition pour ma pomme. C'est un peu cavalier, mais bien souvent, le service préfère des instructions bien fermes plutôt qu'un énervé qui se trémousse sur son fauteuil. Si vous avez vos habitudes dans un restaurant, cela se passe encore plus facilement.

Si vous sentez le coup longuet, accélérez la molle étreinte et, d'emblée, annoncez la suite du programme (un départ de train, une arrivée d'avion, le travail), quitte à moduler sur le final si la tendance s'est inversée. Les esprits seront alors suffisamment mollassons pour avaler la couleuvre et la faire ressortir.

Allez droit à l'essentiel. Si vous êtes venu pour le vol-au-vent, inutile de vous enliser dans les préliminaires : commandez juste ce qui vous plaît.

À part circonstances exceptionnelles où précisément le temps devient roi, compactez les séquences. Il est de moins en moins choquant de commander son entrée en même temps que son plat, style légumes de saison avec la viande ou le poisson. Faites de même avec le final : dessert-café-addition. Cela vous évite trois aller-retour.

Dès qu'un plat est terminé, posez les couverts en évidence en travers de l'assiette et assurez-vous que le maître d'hôtel a bien compris. Sinon, en un petit geste complice, la table est débarrassée.

Radio Casserole au Pactole

Raccourcir un repas, ce n'est pas trop compliqué. Sauf lorsque le restaurant vous retient par des scènes dont il a le secret. Pour cela, il n'est même pas utile de tendre l'oreille. La vie vous est livrée, sans supplément.

Le feu de cheminée, c'est avant tout une musique chuintée, une image fascinante. On resterait des heures à tisser ses idées, ôter quelques plis, chasser nos papillons noirs. Au restaurant, c'est parfois mieux, c'est le témoin, le complice, le porteur de bougies. Voilà pourquoi, en choisissant le Pactole, boulevard Saint-Germain, je savais qu'il y aurait de l'atmosphère débitée par les bûches, un écrin soyeux. Ce n'était pas tout à fait faux.

La porte

C'est comme un avertissement : la presse est unanime et trompette dûment les vertus d'une table plébiscitée en technicolor. Logiquement, ces mises en garde jouent le rôle d'essuie-glace : les grincheux, les pas-franchement-contents n'ont qu'à aller voir ailleurs, car ici, puisque c'est écrit, c'est fameux et on va être content. Pas vrai ?

La patronne

Comme les vrais personnages, elle se fait attendre. Annoncée dans les articles comme charmant pivot de l'établissement, elle n'est, hélas, pas présente à notre arrivée. Mais déjà elle téléphone : « Oui, répond une jeune serveuse, il y a trois tables de deux, deux de un. Non, non, c'est pas mort... Oui, oui, je l'attends... Oui, on lui apporte une coupe de champagne. »

La salade

Du coup, fort de cette bande-annonce, la salade de homard aux petits légumes manque de sel et de tranchant. Certes, il y a quelques p'tits bouts de l'illustre crustacé, mais juste des genoux, des coudes, des poignets. La sauce est trop présente et les légumes trop découpés, réduits à la similitude tronçonnée.

L'arrivée de l'homme

Il est 21 h 45, lorsque deux silhouettes apparaissent dans l'encadrement de la porte, puis s'installent. La coupe de champagne arrive dans la seconde. Le portable ne tarde pas à sonner. L'homme à moustache parle comme s'il se curait les dents. Son acolyte marque un faux retrait comme si on lui retirait une écharde du petit doigt.

Le croustillant de loup aux amandes et fèves

Par une cuisson un peu trop poussée, le poisson se mêle au gratin d'amandes et a un mal de chien à se détacher d'une sauce trop acide, pendant que les fèves tentent de dompter, de rééquilibrer, en vain, la composition.

Deuxième arrivée

La patronne arrive enfin, passe fissa devant les tables pour filer à la rencontre des deux hommes. Tout de suite, le ton monte. La clarinette de Christian Morin, les claviers de Clayderman, la trompette de Georges Jouvin ne parviennent pas à napper la vivacité de la discussion. Tout le monde est au courant : URSSAF, SACEM, syndicat des restaurateurs, et ça y va. Chacun prend sa giclée : des restaurateurs étoilés de Tours, la gastronomie, un chef du VIIe arrondissement, les médias « qui foutent la m… ».

Le soufflé aux citrons

Il a beau pousser du ventre, gonfler les joues, la passion déborde tout à l'autre bout de la salle : « Paie tes cotisations... Fais attention chérie, mais tu m'écoutes pas... » La bande-son s'emballe malgré les efforts désespérés d'un cuisinier qui, au percolateur, donne des leçons de cappuccino à la serveuse. Les portes de frigo claquent, la machine à café pousse son jodle façon navette spéciale en rétrofreinage.

Suite de l'émission

Mais Radio Casserole est encore plus forte : un grand chef de Bourgogne, un autre de la Rive droite, les cotisations du syndicat de la haute gastronomie... « Non, répond notre muse, je veux passer à la télé et tout dire. » « T'as donc pas compris, répond notre Clark Gable, c'est une grande famille, ne l'attaque pas : tu veux quoi ? Ta réussite personnelle ou celle de ton avis ? Dans ce cas, t'es grillée ! »

Final

D'autres compères arrivent. On se traite affectueusement d'« enfoirés ». Les bûches de la cheminée ont beau écumer, la scène a trop d'allant. C'est épatant. On se croirait dans un film de série B en noir et blanc. Dans un film d'Audiard. On imagine un instant l'arrivée d'un André Pousse mettant tout le monde d'accord, emballant le final.

Faut-il y aller?

Non, je crains que cette soirée ne fût unique.

Est-ce cher?

Ça n'a pas de prix...

Au Pactole
44, boulevard Saint-Germain, 75005 Paris
Tél. : 01 46 33 31 31
Ouvert tlj sf sam. midi et dim.
Accueil jusqu'à minuit.

LEÇON N° 37

Comment juger un restaurant sur ses cigares ?

Bonne fille, la gastronomie héberge les amateurs de plaisirs multiples. Ainsi, pour une certaine partie de gourmets, on ne saurait terminer un repas sans allumer un cigare. Soit. Le problème, c'est que bien souvent ces amateurs de frissons oublient un tantinet les autres convives et pratiquent ostensiblement un exercice à la limite de la provocation. Néanmoins, à leur intention, voici un rappel des critères de base pour juger un restaurant sur ses cigares. Une grande table se doit d'être solidement équipée, mais elle ne saurait démériter si son rayonnage est réduit.

Les amateurs apprécieront que les cigares soient préservés dans une cave (l'humidor) ou une armoire spécifique dotée d'un système d'humidification affichant environ 75 % d'hygrométrie.

Pas d'entourloupe, ni de tiroir planqué, les cigares doivent obligatoirement être présentés devant le client. Soit directement dans leur cave, soit sur un plateau, soit dans leur coffret d'origine. Une carte des cigares indiquant les différentes marques et la variété des modules (comprenez la taille des cigares) de la maison n'autorise en aucun cas l'absence de présentation en salle.

Ne vous gênez pas, on doit toujours pouvoir choisir et juger sur pièce en observant la cape (l'enveloppe) et le moelleux de son cigare.

Il est de bon goût de varier les provenances. Certes il y a les cigares de La Havane, mais on ne saurait rester insensible à quelques spécimens venus de Saint-Domingue, des Philippines ou du Honduras.

Une bonne cave doit être équilibrée dans les marques proposées (Cohiba, Punch, Sancho Panza, Montecristo...) et les variétés de modules. Ces derniers se ventileront depuis les petits formats (demi-tasse, petit corona...) jusqu'à des spécimens de conséquence (churchill, grand corona...).

Grand moment : la préparation du cigare, toujours effectuée devant le client. Logiquement, le maître d'hôtel connaît la chanson. Il effectuera une coupe aux ciseaux ou à la guillotine suivant une coupe franche et nette en rapport avec le diamètre et la longueur de la vitole (comprenez l'association de la marque et du module). Plus la coupe est étroite, plus le plaisir dure. Si l'on vous propose une coupe à la lancette (qui perce le cigare), sachez que la dégustation risque d'être vite saturée.

L'allumage se fera avec des allumettes (longues de préférence), après avoir laissé brûler le phosphore, au chalumeau, au bois de cèdre. Le cigare doit être maintenu à l'horizontale à un centimètre de la flamme pendant une quinzaine de secondes.

Ce n'est pas tout, il faut également que le restaurant pense à fournir au fumeur un cendrier muni d'encoches idoines.

Certes, il existe des zones fumeurs dans les restaurants, mais rien ne vaut un fumoir confortable et isolé.

Un imbécile heureux qui se reconnaîtra en lisant ces lignes n'avait pas tellement apprécié un petit exercice sur le cigare livré naguère dans le guide *Fines gueules*. À son attention, et à lui seul, le revoilà :

« Vous devriez pourtant les repérer quelques kilomètres à la ronde. Les fumeurs de cigares, dans leur quasi-totalité, lorsque l'envie leur prend, glissent sur leurs visages des mines soulagées, comme si, tout à coup, le monde filait sous leurs pieds, leur retenue avec.

Plus rien n'existe. Ils sont au restaurant, à côté d'eux d'autres convives sont dans les arcanes diaphanes d'un meursault et les chairs somnolentes d'un bar. Qu'importe, leur décision est prise. Ils sortent leur engin, craquent l'allumette et observent les effets. Oh, il n'y a aucune malice, aucune intention de déranger. Non, les fumeurs de cigares voyagent soudainement, sans avertir, pas même eux. Ils le font comme ils pètent, avec un soulagement qu'ils pensent communicatif et une candeur renversante. Les fumeurs de cigares s'inquiètent parfois de la cendre (faut-il la garder ou non ?), de la considération qui n'arrive que péniblement des autres tables, froncent les sourcils comme si quelque ambiguïté rôdait, ourlent alors les lèvres avec un quasi-effroi.

On les aime bien finalement ces grands pataudes désœuvrés, ces orifices élégants, ces gobeurs d'étrons mais on préférerait, comme un récent dimanche, à la brasserie Vaudeville, lorsqu'un adorable pépé, dans les volutes d'un chablis, glissa sur la moleskine de la banquette, et disparut sous la table dans un flottement magique. »

LEÇON N° 38

Quels produits goûter ?

Certains critiques, lorsqu'ils se rendent au restaurant, prennent toujours la même chose, parce qu'ils retrouvent dans ces plats des repères fidèles. D'autres s'aventurent au gré de l'inspiration. Il en est d'autres encore qui ne choisissent que ce qu'ils aiment. Une espèce plus rare et un tantinet tordue se dirige naturellement vers des plats qu'ils n'aiment pas. Pourquoi ? « Parce que, répondent ces singuliers personnages, si on arrive à transformer ces plats *a priori* sans attrait en réussite, c'est que le chef a un réel talent. » Quoi qu'il en soit, voici quelques petits éléments pour étalonner votre jugement.

Ne paniquez pas lorsqu'on vous apportera la carte du restaurant. Lisez-la en entier. Et ensuite, c'est selon.

Il n'y a pas de produits de prédilection pour les critiques gastronomiques. Chacun utilise son prisme, son enfance et parfois ses connaissances. Ces dernières devraient être travaillées régulièrement. La meilleure façon de savoir ce qu'est un véritable risotto consiste à vous plonger dans le thème une bonne quinzaine de jours. D'abord, dégustez le soi-disant meilleur, renseignez-vous sur ce qui est bien et ne l'est pas. Goûtez également les mauvais exemples, c'est sans doute ainsi qu'on apprend le mieux. Logiquement au bout de quinze jours de risotto, vous pourrez paisiblement et honnêtement émettre un avis sur le thème. Il n'est pas indispensable de savoir le cuisiner, mais si c'est le cas, vous augmentez vos chances d'être incollable sur le produit.

N'oubliez jamais votre plaisir. Le postulat de base pour juger un restaurant reste celui que Christian Millau et Henri Gault m'ont enseigné : on va au restaurant pour passer un bon moment. On décide même que ce sera bon avant de pousser la porte. C'est après que le restaurant et son chef décident si vous aviez raison ou non. Donc pas d'*a priori*, ni de défensives.

En matière d'entrées, la logique serait d'éviter les produits bruts sans transformation tels que les fruits de mer, le saumon fumé et autres plats où le chef n'a eu besoin que de déposer sa pétale de cerfeuil. Cela reste valable pour l'ensemble des restaurants à part, bien sûr, les restaurants dont ces produits constituent la spécialité.

Suivez le pli de la carte. Si la table est spécialisée dans les poissons, soyez *fair play* : n'allez pas planter votre compas dans une viande rouge.

Parmi les trois plats principaux, prenez toujours un plat où se déroule une véritable partie technique (feuilletage, sauces, etc.).

Le menu dégustation reflète souvent le talent ou l'identité d'un chef. C'est souvent l'idéal lorsqu'on découvre un restaurant en tant que gourmet. Mais pour une meilleure lisibilité, rien ne vaut des assiettes franches : une entrée, un plat et un dessert. Vous obtiendrez une meilleure concentration.

Évitez, à la limite, toutes les sollicitations qui vous réduisent l'appétit et empâtent votre bouche. Pif, paf : droit au but ! Votre regard, votre bec doivent travailler comme un karatéka : avec concision et vivacité.

Dans ce même ordre d'esprit, j'ai la fâcheuse habitude de manger très vite (comme le font d'ailleurs les chefs), comme si le sens allait s'échapper. Comme dans une sauce que l'on « précipite » pour lui donner plus d'expression.

Concentrez-vous. C'est peut-être une lamentation de vieux barbon, mais c'est une pitié de voir au restaurant les convives avaler des choses divines sans prêter attention à la fulgurance des plats. Il faudrait, pour bien faire, regarder le plat dans le blanc des yeux, le fixer comme un chasseur. Ce n'est pas long. Six à dix secondes et paf, le plat est déshabillé. Regardez, observez sans relâche. Parlez peu, commentez un peu moins, c'est la meilleure façon de faire fuir la « vérité ». Un plat se guette, se surprend. Puis les mots viennent un à un.

Gardez toujours un œil sur les légumes. Non point que ce soit dans l'air du temps. Mais, surtout, leur traitement en dit long sur le style de cuisine du chef : mousse, purée, émincés ou alors bruts de nature.

Les restaurants SM, mange ta soupe !

Jusqu'alors, les plats révélateurs des restaurant étaient plutôt simples : feuilletage, poulet rôti, glace à la vanille. On peut se demander s'il ne va pas falloir changer de boîte à outils. Voici venu le temps des soupes, des sushis, des légumes en cocotte...

C'est vrai que dans le genre barbant et ringard, le restaurant classique y allait fort. Entre la choucroute de la patronne, ses tentures à fleurs, les diplômes du mari, les photos de ses invités, la triple moquette, les doubles messieurs, l'instant du restaurant était devenu une sorte de cérémonie kitsch épargnée par la modernité. On se la coulait douce entre pousse-café et petits digestifs mais, sincèrement, la race humaine donnait une piètre idée d'elle-même lorsqu'il s'agissait de sortir de table. La calorie, c'est formidable, mais faut-il encore ne pas se tromper de siècle. Lorsque l'on sortait d'invraisemblables ventrées armoriées, de marcassins ruisselant de sauces, c'était avant d'aller abattre des chênes dans une forêt glaciale. Non pour défoncer les banquettes des limousines.

La clientèle a commencé à envoyer ses messages. Elle s'est d'abord levée de table (fast food, nourritures de bar), puis elle s'est mise à manger avec les doigts (sandwiches, snacks...) C'était clair, et pourtant la restauration a continué de plus belle en s'inventant de fausses nouveautés (le changement de décor, de chef, de patronne). Mais toujours rien. Alors, aujourd'hui, vient l'heure du châtiment avec ses inversions de sens de rigueur : les restaurants SM (sadomaso, pour les néocandides) où pour la plus grande jubilation des foules, on s'assied de façon inconfortable (les fauteuils salons des restaurants Costes, du Berkeley, du Xu) pour manger au bord des genoux. Deuxième punition, le dessert est souvent supprimé (formule moins chère avec entrée et plat). Troisième châtiment, fini les plats onctueux et sensuels, place aux plats pour moines et bonnes sœurs : soupes (bar à soupes, *food in shop*), haricots verts, légumes vapeur, poissons grillés. Autres coups de fouets : le coude à coude chic (Colette), le niveau sonore digne de la fronde de *Chicken Run* (Colette encore, Ladurée-Paix, Korova, Les Cailloux) : on a rien à se dire mais il faut un certain temps pour le réaliser, c'est la vengeance de la culture du portable. Encore du martinet ? Les additions cinglantes (best of torture : le 59 Poincaré), les maîtres d'hôtel mieux habillés et plus bronzés que vous, la fumée des cigarettes (ça, c'est pour le politiquement incorrect), la morgue générale, la trahison des plats ethniques (faux sushis, faux risotto), le repompage universel des bonnes idées (Korova), la conceptualisation (le *fooding*).

Du coup, la réaction s'organise. On réserve en catimini dans des tables années 1965. On glisse une paire de jeans, une écharpe en cachemire, pour rejoindre les adresses et les plats de résistance. Certes, la patronne n'a pas la choucroute oxydée, le serveur ne sent pas la transpiration, les machos ne racontent pas leurs blagues au Viagra. Mais vous verrez, en douce, ça reviendra.

Pour les amateurs du genre (il en existe), voici tout de même quelques petites parades...

Surtout, mangez avant (ou après).
Arrivez avec un air très important (ou alors foncez claquer une bise au maître d'hôtel).
Passez devant les autres.
Ne commandez qu'un plat.
Oubliez le vin, prenez des *energy drinks*.
Parlez et riez très fort (ça énerve beaucoup les autres).
Demandez l'addition avant de commander (ça agace les garçons).

Les adresses SM:

Korova
33, rue Marbeuf, 75008 Paris
Tél. : 01 42 25 46 98
Ouvert tlj. Accueil jusqu'à 2 h et jusqu'à 4 h les jeudi, vend. et sam.

Le 59 Poincaré
59, avenue Raymond-Poincaré
75116 Paris
Tél. : 01 47 27 59 59
Ouvert tlj. Accueil jusqu'à 23 h.

Xu
19, rue Bayard, 75008 Paris
Tél. : 01 47 20 82 24
Ouvert tlj sf dim. midi.
Accueil jusqu'à minuit.

Les adresses de résistance:

Chez Georges – Le Jeu du Mail
1, rue du Mail, 75002 Paris
Tél. : 01 42 60 07 11
Fermé le dim. Accueil jusqu'à 21 h 45.

Chez Henri
20, rue des Fossés-Saint-Bernard
75005 Paris
Tél. : 01 43 54 99 37
Ouvert tlj sf sam. midi, dim. et lun.
Accueil jusqu'à 21 h.

Le Verre Volé
67, rue de Lancry, 75010 Paris
Tél. : 01 48 03 17 34
Ouvert tlj sf lun. Accueil jusqu'à 20 h 30
sur réservation.

Le Villaret
13, rue Ternaux, 75011 Paris
Tél. : 01 43 57 89 76
Fermé sam. et dim. Accueil jusqu'à 1 h.

LEÇON N° 39

Comment lire une critique ?

Le malheur des grands chefs aujourd'hui est d'avoir un peu trop gâté la critique. Par chance, quelques brouilles spectaculaires remettent bien vite les choses en place et, avec le temps, on ne devrait pas tarder à bénéficier de camps bien retranchés, de quelques barbelés. Les poules seront mieux gardées. Finies les saucissonnades, les mains dans le dos et les bécots échangistes.

Car il faut bien reconnaître qu'à un moment donné, on ne savait plus si c'était le chef qui faisait l'article ou le critique qui tournait la louche. Lire une critique était alors un délice d'initié et bien malin qui pouvait deviner que le chef de l'année avait l'immense talent de pouvoir recevoir dans de confortables salons. Avec un peu de jugeote, les lecteurs ont appris à lire entre les lignes, mais parfois, on se demande vraiment comment tel valeureux restaurant se retrouve bombardé dans les étoiles.

Rentrer dans une citation de cas bien précis et de confrères habiles n'est pas du ressort de ce livre. Mais c'est à vous de jouer et de lire de près les palmarès. À part un ou deux guides, logiquement, en frottant bien les tenants et les aboutissants, vous parviendrez vite à localiser les passerelles. Voici néanmoins quelques clés.

S'il y a abondance de lauriers ou de timbales d'honneur, c'est qu'il y a beaucoup d'ascenseurs à renvoyer. Logiquement, un guide procède à quelques promotions, rarement au grand nettoyage de printemps.

Cela n'a rien à voir avec le talent des chefs, mais souvent les grands hôtels dotés de restaurant ou certains grands groupes ont plus de chance de ramasser des prix style « sommelier de l'année » ou « maître d'hôtel du siècle » si les salons de l'établissement sont accueillants. On peut ainsi comparer les promotions spectaculaires de certaines adresses en confrontant la liste des lieux où se sont produits les cocktails de lancement des guides. Logiquement, c'est assez parlant.

Lorsqu'un papier parle peu du chef et de la cuisine et s'enthousiasme pour la vue et la qualité des coussins, sachez que l'adresse ne vaut pas tripette.

Certaines régions sont souvent sur-représentées dans certains guides. Ce n'est pas trop compliqué : il y a de la résidence secondaire dans l'air ou de la maison natale à la clé.

Certaines descriptions sont gargantuesques, on parle du menu dégustation comme d'un « marathon », le repas n'en finit pas et les vins excellent dans les années. Pas de doute, il ne s'agit pas du menu de Noël ou d'une erreur de transcription : l'auteur de la critique a été invité, le chef lui a fait la totale et il s'est tapé toute la carte. Cela ne veut pas dire pour autant qu'il n'a pas payé. Certains laissent d'importants pourboires (non remboursés en frais) et se maudissent d'avoir été pris au piège. En tout cas, ce qu'il y a de certain, c'est que vous n'avez guère de chance de connaître pareille situation, sauf en demandant au chef. Mais là, l'addition va canonner.

On appelle le chef par son prénom. Là au moins, c'est clair : c'est un bon copain. Célébrons l'amitié, oublions la critique.

Quelques remarques acerbes sur le chef, de la rosserie distillée entre les lignes : certains se vengent d'avoir été confrontés un beau jour à l'apparition de l'addition. Les rares restaurateurs qui osent le faire adorent, en principe, raconter ce genre d'anecdotes.

LEÇON N° 40

Les règles des critiques

Entre nous soit dit, ce n'est pas trop compliqué de « descendre » un restaurant. Même s'il enchante une partie de lecteurs sadiques (à Paris, c'est une quantité non négligeable), l'exercice reste douteux et se retournera vite contre vous. Non seulement vous hériterez d'une horde vengeresse de régleurs de compte, mais lorsque vous sortirez un papier gentil et de bon sentiment, les réactions seront unanimes : on vous soupçonnera d'avoir été acheté, pire vendu, de n'être plus en forme, d'être triste et *out*. Voilà pourquoi, si vous avez des doutes sur une table, avant de venir avec votre coutellerie, respectez au préalable le minimum des règles des yakusas.

Ne testez jamais un restaurant le jour de son ouverture. Vous pouvez y aller pour les frissons de la première, mais si vous devez porter un jugement, laissez-le développer ses poumons, huiler les charnières du frigo. Parfois, certaines tables s'envolent majestueusement dans les premières quarante-huit heures, puis tout s'effondre pendant des mois. Le cuistot est parti avec la Porsche du patron, l'attaché(e) de presse a goinfré le salaire du pâtissier, la banque vient de faire une piqûre de rappel, les voisins ont bouché la cheminée.

Ne venez pas à plus de quatre personnes. Au-delà, on approche le banquet. De vastes tablées sont sympathiques (personnellement, à plus de quatre, je me sens de trop) mais pour opérer consciencieusement, quatre, voire trois (ça, c'est parfait) ou deux personnes, c'est mieux. Être seul n'est pas rédhibitoire, vous avez plus de loisirs pour bien analyser le lieu et les plats, mais le registre d'analyse reste plus réduit.

Testez des plats de cuisiniers, pas les huîtres, le saumon fumé ou la salade de fruits. Donnez toutes les chances au chef, goûtez les plats où il s'exprime.

Évitez les jours de surchauffe style week-end ou dimanche midi, les cuisines sont à côté de leurs pompes, les plats sont envoyés en quatrième vitesse. Prenez un jour de semaine, à une heure décente.

Ne chamboulez pas trop les intitulés des plats. Même si vous préférez le poulet avec des frites, ne demandez pas au chef de virer sa compotée de topinambours. Restez en creux, ne modifiez en rien la nature du restaurant.

Fermez-la. Inutile de vous embarquer dans des théories, des justifications, de grandes leçons. Vous êtes ici à la place de vos lecteurs, donc profil bas et camembert en veilleuse.

Soyez gentil, courtois.

Venez de bonne humeur en vous persuadant que vous allez passer un bon moment. Et seulement après les premières impressions, vous déclenchez les compteurs.

Le Grand Véfour, « génial » mais décevant

Pour les critiques gastronomiques, le grand moment reste toujours la visite des grands restaurants. C'est l'occasion, finalement assez facile, de se faire des amis éternels (moyennant un papier complaisant), mais aussi de se lier de solides inimitiés. Ce n'est pas trop compliqué, il suffit de dire ce qu'on pense...

Rien qu'à l'idée d'aller au Grand Véfour, on trépigne, on voudrait avancer les jours, repasser son nœud papillon, relire et relire le dithyrambe de la critique. Et ça y va : « Génial », le « Premier », « l'apothéose », « l'enchantement », même le dictionnaire perd sa salive. À côté, les cloches de la Libération, c'est le murmure d'un triangle.

Chaque année, je m'y brise les dents, entraînant une cascade de petits ennuis professionnels. À la limite, mes démêlés avec ce restaurant n'intéressent personne. Sauf le comptable du journal et de la maison d'édition : 6 000 F en 1996, pareil en 1997. On me soupçonne d'une caisse à double fond, un financement occulte. Mais hélas rien de très banal. J'ai beau expliquer que j'essaie d'y retourner dans l'espoir de faire un bon repas, je vois bien que je ne convainc pas. De vrais amis,

des proches du groupe Concorde (les propriétaires de la taule) me recommandent plus de mansuétude, d'arrêter de déglinguer, me citent des exemples devenus soudainement plus vertueux. Hélas, la sauce ne monte toujours pas. Au hasard des expériences, j'ai pioché la plus tendre, la moins rosse...
Ça s'appelait, je crois, « Grand Véfour, cuisine teufteufière »...

Patatras et plats teufteufiers ! À quoi bon que j'ouvre le robinet : viandes mal cuites, desserts imbéciles, portions précieuses, intitulés neu-neu, flacons transparents...
C'en était tellement décourageant que m'est venue l'idée d'y déléguer deux jeunes fines gueules, fraîches, vives et encore subjuguées par le privilège.
Celles-ci me trouvaient un peu ringard dans mes rosseries, ridicule avec l'index levé. Ils n'avaient qu'une seule idée : revenir triomphants, balayer la vindicte, réhabiliter le chef, chasser une génération (cours toujours !). Ils partirent donc, l'une eyelinée de près, l'autre ajustant une cravate toute neuve.

Que n'avais-je pas fait là ? Voilà mes deux oiseaux qui reviennent le bec bas, le plumage tristounet, le verbe rare et lent.
J'aurais voulu les prendre sous mon aile, leur donner une becquée au Batifol...
Mais rien, je n'ai pas eu besoin de tirer

la chevillette, ça dégringolait comme à Gravelotte. Les chameaux, aucun respect pour le travail fignolé ! En me bouchant les oreilles me parvenaient les échardes d'une racaille indignée. « La rouelle d'agneau à l'épeautre ? Pouah, c'était même pas en crapaudine, avec une farce aux olives beaucoup trop violentes. Les graines, on aurait dit des barres énergétiques pour sportifs. C'était tellement décevant qu'au dessert, on s'attendait au pire. Ce fut le cas ! » Sans parler du chariot de fromages qui somnola dix bonnes minutes près d'eux.

Les deux cicatriseurs semblaient avoir conclu leurs forfaits lorsqu'ils me présentèrent une addition insensée ! Ah, la racaille vociférante, les mégoteurs fumeux, les asticots, les pique-assiettes perceurs ! Et en plus, on ne me croira toujours pas...

Le Grand Véfour
17, rue de Beaujolais, 75001 Paris
Tél. : 01 42 96 56 27
Ouvert tlj sf sam. et dim.
Accueil jusqu'à 22 h 15.
Les tables à éviter : la 9, la 13.
Les tables les plus discrètes : la 14, la 15.
Les tables de légende : Jean Cocteau à la 2, Colette à la 5, Victor Hugo à la 10, Napoléon et Joséphine à la 4, Balzac à la 15. Zone non fumeur : sur demande.

LEÇON N° 41

Comment se faire inviter ?

Pfuit, vous avez vraiment besoin de moi pour ce genre de reptation ? Pourtant, ce n'est pas trop compliqué, il suffit de faire miroiter, de flatter, de jouer les grandes fosses du simulacre. Beaucoup de compliments, la brouettée de promesses et tout en même temps dissimuler, comme si dans son dos les béances du pouvoir étaient là, attendant l'introduction. Le monde de la gastronomie n'a jamais vraiment brillé pour sa perspicacité, ce qui vaut la fortune et la bizarre importance de quelques coquins. Aussi, nul n'est besoin de beaucoup de stratagèmes.

Tout d'abord, avalez votre amour-propre, question de nature, ça peut durer quelques secondes, comme ne jamais se produire.

Prévoyez quelques arrières : régulièrement des cadors se font moucher en public. Liquide, chéquiers, cartes de crédit comme tout le monde. Le coup du « Envoyez l'addition à mon éditeur ! » exige de sérieuses rafales de cognac, sinon c'est l'apostrophe publique et un costard avec le petit gilet de la honte.

Bordez bien, car les chefs, lorsqu'ils invitent, font payer très très cher si le papier n'est pas très très gentil. « Celui-là ? Il est venu avec toute sa famille pour un repas de famille, sait même pas différencier les ris de veau des ris d'agneau. Pfuit, de la petite racaille. »

Renvoyez très vite l'ascenseur car les asticots viennent très vite ronger l'amitié. Inventez-vous à la limite votre propre journal, mieux votre lettre aux abonnements de préférence (g)astronomiques. Évitez le journal gratuit, style *Boum Boum*, mieux vaut viser 200 F la feuille de quatre pages.

Préchauffez le chef, adoptez ses manières, ses goûts (Porsche, fausses blondes, golf), faites-vous désirer : agitez les voiles, dansez, chantez, écrivez, devenez la crapule agréable à fréquenter, arborez votre mauvais goût, c'est fou ce que les chefs adorent ce registre.

Ne parlez pas trop tôt (on arrive inévitablement à se décroiser) : « Rien ne hausse, disait Charles de Gaulle, l'autorité mieux que le silence, splendeur des forts et refuges des faibles. » Attention à ne pas trop encenser, on finit par oublier les clés de la vanité : un brin de recul, comme dans le tango, ensuite basculer.

Régulièrement, je déjeune avec quelques escrocs histoire de voir de quels combustibles ils se chauffent. Ce n'est pas trop compliqué, juste une histoire de mental. Faites des riches vos amis.

À part quelques misérables patentés, portant haut et pathétiques, les meilleurs jouent en finesse, en renard. « Le café et le taxi ! », s'exclama l'un d'entre eux. J'étais blanc de stupeur et l'autre ricanait sous son casque poivre et sel. Par-derrière, on manivelait sec pour attirer au plus vite une limousine. À la limite, on aurait dépecé la robe de la caissière pour en extraire des coussins. Et voilà !

Devenez important, indispensable par de ponctuels à-coups. Volez au-dessus, ne soyez pas toujours compréhensible, « embrouillardez »...

Restez gentil, c'est la meilleure des hypnoses.

LEÇON N° 42

Faut-il visiter les toilettes ?

Le thème vous fait marrer, mais sachez que parler de cette partie reculée du restaurant à un chef suffit à le mettre en boule. Dire que ça les énerve est un euphémisme. Précisément, si les toilettes exaspèrent autant certains chefs, c'est qu'au-delà des rapprochements symboliques que nous vous épargnerons, ces locaux sont, hélas, souvent le reflet plutôt exact du restaurant. C'est tout bête, mais c'est ainsi. À cuisine et carte cochonnées, toilettes du même acabit. Plats inventifs, service stylé... On peut continuer longtemps. Faut-il pour autant déprécier un restaurant pour la mauvaise tenue de ses toilettes ? Rassurez-vous, vous n'aurez jamais ce genre de problème, car la cohérence est l'arme la plus redoutable : si l'hygiène est bancale, le reste l'est également.

Naguère, un chef dont la réputation aurait pu calmer les ardeurs, perdit tout contrôle lorsque le vénéré représentant du *Guide Michelin*, après avoir visité les garde-manger et inspecté le fond de l'œil des poissons, passa aux toilettes. Le toqué sauta au plafond et retrouva un naturel qu'il avait dû réprimer jusqu'alors : « Vous êtes venu ch... ici ou manger ? » Monde exquis, scène délicate qu'on passerait volontiers au ralenti.

Une bonne enquête doit toujours passer par là. Un restaurant honnête et sérieux ne connaît aucun relâchement dans les moindres détails. Avec un minimum de psychologie, en restant quinze petites secondes supplémentaires dans ces lieux parfois très réussis, vous pouvez imaginer sans trop de difficultés la suite. Prenez notre tête de turc favorite, l'Auberge bretonne, à la Roche-Bernard. La qualité du papier chichiteuse, voire très médiocre, est l'exact pendant du plat phare (lard « exceptionnel » et volaille rôtie), servi en portions misérables (à part les patates).

Un bon établissement doit délivrer des locaux irréprochables, régulièrement vérifiés pendant tout le service. Malheureusement, l'hygiène française en la matière est assez consternante et même chez les meilleurs, des inspections feraient blêmir les zélotes des grands établissements. Sans être maniaque, il est quand même un tantinet contrariant de s'essuyer les mains dans les mêmes serviettes, d'avoir une savonnette de service...

Nul n'est besoin d'un grand déballage d'accessoires. De bonnes toilettes doivent être sérieusement ventilées, inspectées après chaque passage (vous voyez souvent ça dans les grandes maisons ?), et garantir l'essentiel : une propreté irréprochable et un confort digne du rang de l'établissement.

Sexe ou Mars frit ?

Puisque l'on est dans le côté désopilant des restaurants (en fait, le genre est beaucoup plus prolixe qu'on ne se l'accorde), autant filer directement vers la galaxie poilante des adresses qui ne se prennent pas au sérieux, où l'on rencontre les gens de la vraie vie. Non ? Si !

Sexe ou mars frit ? Désolé d'appâter de façon aussi triviale, mais je ne fais que rapporter le marché que l'on me mit en main au restaurant The Chipper, rue Thouin. L'homme en question (ça se corse), était pourtant tout ce qu'il y a de plus respectable : une calvitie de lord et des phrases interrogatives à tour de bras. Selon lui, la meilleure alternative au sexe était la barre Mars frite. « Une brusque montée de sucre chaud, argumentait-il, et pof, pas de mystère. Pour ma part, reprit-il après un soupir qui en disait long, ce n'est pas le Mars mon préféré, ce serait plutôt le Snickers. Il y a plus de sucre et de nougat. Là-dessus, je vous laisse. » Il ne restait plus qu'à...

Deep fried Snickers

Vous êtes là dans le petit restaurant gazé à l'huile de friture. En vous levant sur la pointe des pieds, vous pouvez assister à une monstruosité gastronomique :

la brusque collision d'une barre Mars dans une huile poussée dans ses retranchements (180 °C). Ça dure quelques secondes. Rien de particulier ne se produit. Le cadavre du Mars, on le hisse avec une pince, et le cuistot le dépose sur son linceul de céramique blanche. Rien ne sort. Pas de souffle verdâtre, de râle roté, de gémissements de tôle. Non. On aurait pu à la rigueur lui glisser à l'orteil sa fiche d'identité : sirop de glucose, poudre de lait entier, beurre de cacao, matière grasse hydrogénée, lactose-lactosérum en poudre, extrait de malt, émulsifiant, blanc d'œuf. Pour masquer l'aspect peu ragoûtant, style crottoir de Paris, la direction a bien fait les choses puisque le dessus est marqué d'un filet de crème fraîche. Le Mars est bien mort, comme du reste pas mal d'Écossais, dont c'est l'un des péchés mignons et qui présentent l'un des plus forts taux de décès par maladie cardio-vasculaire.

Et après?

On se sent bizarre, fatigué, un peu sali, rassasié, trompé. Bref, tout ça, c'est très sexe, n'est-il pas ?

Faut-il le manger?

Sincèrement, ce n'est pas pire que le ris de veau au foie gras. C'est indiscutablement dégueulasse. On se surprend à aller plus loin, comme si une vérité se cachait derrière ce mur hideux, comme si le mauvais goût protégeait de notre société vertueuse. C'est une sorte d'enclave kitsch, tranquille, drôle, où l'on imagine des nains de jardin se nourrissant ainsi, un sas pré-vomitif où le sens fleurit (bon goût-mauvais goût, bla bla bla), l'encanaillement du laid, le vertige du buffet Henri II, les blagues de Bigard, la subversion des boules à neige.

Est-ce cher?
15 F, ça va.

The Chipper
14, rue Thouin, 75005 Paris
Tél. : 01 43 26 05 55
Entre Panthéon et Mouffetard,
juste au-dessus de la place
de la Contrescarpe.

LEÇON N° 43

Osez le geste !

Par moment, on se demande si en mettant la pression sur la pompe, le côté barbant des restaurants, les responsables de salle ne se prémunissent pas de demandes toutes simples. Voilà des messieurs maniant la langue française avec le subjonctif, jonglant avec les subtilités techniques d'un plat, l'ordonnancement d'un menu. Ils sont debout, cambrés dans leur métier et nous, braves péquenauds de base, on apprend, on attend, on se mord les lèvres pour demander une petite attention, un petit service. Les gredins le savent bien et depuis bien longtemps ont chapardé un petit panonceau qui faisait florès il y a peu encore : « Le client est roi ». Bien sûr que nous le sommes, voici quelques occasions de le rappeler.

Vous adorez un plat, les frites au champagne vous ont été droit dans le buffet, redemandez-en.

Votre vin ne vous plaît pas, appelez le sommelier.

Votre verre est vide, le sommelier fait le paon ailleurs. Levez-vous tranquillement et servez-vous avec minutie.

Cela fait quarante-cinq minutes que votre entrecôte se prélasse dans la poêle, demandez au maître d'hôtel la direction des cuisines. En toute logique, son obligeance professionnelle faisant, il va vous l'indiquer. Mais il ne devrait pas tarder non plus à s'enquérir de l'objet de votre visite. Expliquez-lui posément qu'il vous tarde de déguster ce plat de roi.

La climatisation vous fait des cheveux d'électrocuté, sollicitez l'attention du maître d'hôtel.

Mais attention : en entrant ainsi dans le spectacle du restaurant, vous risquez de perdre les miettes de votre démarche. Le critique devrait en effet rester tapi dans l'ombre, guetter les instants de vie. Et non les susciter…

LEÇON N° 44

Doit-on râler au restaurant ?

Quel bonheur, après une journée d'insatisfaction, d'exploser au restaurant pour une miette de pain de travers. On a l'impression parfois que les gens vont au restaurant pour se libérer de toutes les frustrations de la vie : ils mangent et boivent trop et bien entendu s'en prennent au malheureux serveur qui a oublié de s'excuser. Trop de gens sont malheureux dans la vie pour qu'il soit nécessaire d'augmenter le cortège. Pour avoir vu des scènes d'un comique pitoyable, mieux vaut s'abstenir et laisser faire.

Pour ma part, j'évite de la ramener de peur de troubler le cours naturel d'une table. Bien sûr, si on vous écrase les pieds, il est souhaitable de le signaler mais pour le reste, restez stoïque. Un critique devrait être encore plus sobre qu'un client et si ce dernier peut manifester sa joie ou ses craintes, l'enquêteur n'est pas venu pour ramener sa science, mais pour voir comment cela se passe. Car ouvrir son bec, même si vous mettez le thermostat au plus bas, dévoile votre nature et neutralise *de facto* votre table.

Or, précisément, l'expérience ne devrait pas être entachée d'incidents. Si ceux-ci se produisent, ils dévoilent une partie de la nature du restaurant et logiquement trouvent leur parfaite cohérence dans l'ensemble. Si vous commencez à tout changer dans le restaurant, vous vous retrouverez en bout de course sans aucune histoire à raconter, sans aucun repère.

Si la cuisson n'est pas du tout celle que vous avez demandée, faites-le remarquer sans en rajouter.

Si le vin est trop frais ou trop chaud, signalez-le aimablement.

Si votre table est trop mal placée, dites-le et demandez à être placé ailleurs.

Si le plat n'est pas bon, évitez d'entrer dans des longs discours. Soyez sobre, ne vous justifiez pas car dix fois sur dix, le discours ne passe pas.

S'il y a une erreur sur l'addition, faites-le remarquer posément, cela arrive à tout le monde. En revanche, s'il y a eu franchement de l'exagération, faites-le savoir. Si vous sentez l'adresse un peu ripoux, parlez fort (ça, c'est la technique des contrôleurs SNCF. Logiquement, le plaignant s'écrase). Si vous ne souhaitez pas indisposer votre compagnie avec vos calculs, levez-vous et réglez le différend à la caisse.

Alain Passard, le déserteur bienheureux

« Le luxe, m'avouait un radin en plein relâchement, c'est formidable lorsque c'est offert. » Eh, voilà la chanson que certains critiques adorent qu'on leur susurre au creux de l'oreille ! Hélas pour eux, pour une économie d'un jour, c'est un confetti de leur réputation qui se fait la malle. Il est des fois dans des tables aussi dispendieuses que celle d'Alain Passard (tellement trop chère qu'on franchit le seuil de la douleur) où l'on souhaiterait presque ne plus payer. Heureusement, un bon ange rôde, chasse le diable fourchu et vous remet sur les voies (incandescentes) de la sagesse.

« À partir du printemps, déclare Alain Passard à Vincent Noce, du journal *Libération*, ma carte sera intégralement consacrée aux légumes. Moi-même, cela fait longtemps que je ne consomme plus de viande. » Et vlan ! Vous imaginez que les téléphones ont écumé d'indignation, qu'on a crié à la trahison, au crime lèse-vache, à la désertion du tartare, à l'offense à la tête de veau. Des grands toqués se sont promis de ramener l'insolent à la raison, Rungis s'apprête à lui crever les pneus de son Solex. C'est avec un vrai courage gastronomique que nous avons réservé sous la mitraille.

L'accueil

Ici, cela ne change pas. L'arrivée tient de la cabine téléphonique. Bientôt, on mettra le vestiaire sur le passage pour piétons. Mais en manœuvrant bien, en effectuant deux ou trois créneaux, on arrive à s'asseoir. Autre constante : dans un impressionnant souci de fraîcheur, on renouvelle le personnel tous les trois mois. À chaque visite, il y a toujours de nouvelles frimousses.

Explications

Le maître d'hôtel nous annonce que la nouvelle carte arrive incessamment. Mais que, pour l'occasion, il peut nous faire un menu tout légumes. Auparavant, comme si l'alphabet avait été refondu, la huitième guerre mondiale à peine refroidie, il nous explique en langage petit blanc que les poissons (mouvements de brasse) ont été pêchés de la veille (il saisit une canne à pêche imaginaire). On a presque envie de faire « Miam miam » en effectuant des petits cercles sur le ventre.

Les plats

Alors là, l'enchantement ! Le Passard retrouvé, la simplicité des saveurs, le langage diaphane des légumes, le chassé-croisé de petites touches, un jardin après la pluie, Satie : mousse d'avocat au tarama de langoustine et caviar d'Aquitaine suivie de ravioles de sauge sauce au raifort. Puis céleri-rave aux châtaignes sauce aux truffes.

Épinards au beurre salé carotte à l'orange. Compotée d'oignons blancs. Navet-chou-parmesan-truffe d'hiver... Un régal tendre, soyeux.

Le service

Armée mexicaine proposant à tour de bras l'apéro puis se calmant par la suite. Sommellerie patiente et avisée malgré une carte avec des prix très énervés.

La clientèle

Prospères aux poils brillants, à l'appétit un peu cabossé, à la sociabilité vertueuse.

Et alors?

C'est vrai, malgré sa sincérité, on peut tout de même trouver les propos d'Alain Passard un peu gonflés, marqués d'un opportunisme pas piqué des hannetons du style « Moi, le bœuf, j'en ai jamais mangé. » Il y a un côté « villiériste » assez cocasse. Passons. L'assiette, quant à elle, lui permet de retrouver une pertinence qui lui faisait singulièrement défaut depuis des années. On l'avait rangé dans une modernité souriante, angélique. Simplement doué. Mais c'était il y a douze ans. Depuis, le génie venait frapper de temps à autre (autant que possible lorsqu'on s'annonçait), notamment dans ses recettes publiées chaque semaine dans son « Grain de sel », au *Figaro*. Avec les légumes, Passard nous revient avec son talent allègre. Il nous rappelle que les temps changent, que les produits bougent (implosent/explosent), que nos appétits girouettent. Ils veulent plus de paix, de songes, de douceurs, de séduction. Et là, c'est très fort : lorsqu'on sort du restaurant, on peut encore penser.

Est-ce cher?

C'est le côté décourageant de la chose : à 2 500 F pour deux, on va nous dire qu'il faut payer le lumbago du jardinier, l'épilation de ses gants, la manucure des radis, le masseur des carottes, le « cintreur » de bananes. Je ne m'y fais toujours pas. Et vous ?

Faut-il y aller?

Oui, oui.

L'Arpège
84, rue de Varenne, 75007 Paris
Tél. : 01 45 51 47 33
Ouvert tlj sf dim. et lun.
Accueil jusqu'à 22 h.
Menu prestige à la truffe à 2 000 F
Menu au déjeuner à 690 F (quatre plats).
Au printemps, menu-légumes
autour de 1 000 F.

LEÇON N° 45

Comment faire taire une table bruyante ?

Les sens aiment se venger. C'est à croire que lassés de tant de désinvolture, nez, gorge, oreilles se mettent à oublier, mentir, dériver, s'enliser. On se sent mal, on ne s'écoute plus, étonnez-vous qu'ensuite les trahisons succèdent aux lâchetés.

Nous sommes ce soir dans un restaurant du XIXe arrondissement. Le soir est calme, les rues clémentes, les fâcheux sont rangés dans leur tiroir (au même moment, le PSG dispute une médiocre finale), l'halogène blanchit le plafond, les murs saumonent, tout est bien. La carte déroule le menu du restaurant concurrent (un farceur – il en reste – devrait un jour s'y attarder, on n'y verrait que du feu), lorsque notre « tout à coup » survient…

Rien de moche, ni d'émouvant. Juste un haut-parleur. Vous savez ce genre de monsieur (les dames ne sont pas mal non plus dans le genre) qui gencive des banalités à pleurer (« Je suis donc parti »), des détails scandaleux (« J'ai fermé la porte à clé ») et ce, à voix forte, poitriné, blazer en avant, cravate à l'oblique. Vous avez beau vous retourner ostensiblement, écarquiller les yeux comme pour un enfant turbulent, mettre le coude sur le dossier de la chaise. Rien n'y fait. Pire, le fâcheux se sent écouté et augmente le thermostat. Vous qui étiez en train de murmurer le diaphane, d'étirer le millimètre, d'émincer le subtil, vous voilà comme l'oiseau contré par le marteau-piqueur, la rosée douchée par l'averse, la dentelle bitumée.

Que faire ?

Appeler le maître d'hôtel. Les meilleurs font passer efficacement le message, les autres (plus nombreux) s'écrasent, n'osent pas affronter le turbulent et vous renvoient le sourire amoché des impuissants.

Subir… Rouler des boulettes de pain.

Parler plus fort.

Ou alors…

Ma solution : appelez du restaurant un bon ami fidèle, donnez-lui le téléphone du restaurant, la description du fâcheux et un petit scénario bricolé par vos soins. Regagnez votre table et dégustez les instants suivants...

Le téléphone sonne. Le directeur de salle se voit évoquer la présence d'une dame en veste rouge (d'un important monsieur en veste vert amande) et le souhait du correspondant de lui parler « d'urgence ». Logiquement, le directeur a vite localisé le toto qui lui casse sa salle depuis le début du repas. Il lui fait part de l'appel. L'olibrius étonné se lève.

Au bout du fil, votre complice lui signale, avec une extrême courtoisie (surtout, beaucoup de calme), l'ennui carabiné que suscitent ses vocalises auprès de l'assistance, et lui demande de la mettre en veilleuse. Il ne vous reste plus qu'à déguster le retour du penaud.

Même traitement... Pour les fumeurs de cigares, les raconteurs d'histoires drôles pas marrantes. Une voisine (un voisin) qui vous émeut. Des voisins (des voisines) qui ne parlent pas du tout.

LEÇON N° 46

Seul(e) au restaurant ? Dix parades pour vaincre le sort

Certes, ce n'est pas toujours de gaieté de cœur. Mais bon. Être seul(e) au restaurant, c'est déjà essuyer la morgue des maîtres d'hôtel : « Pauvre vieux/La pauvre », pensent-ils, alors que vous vous présentez. Les félons en rajoutent : « Vous êtes TOUT(E) seul(e) ? », s'interrogent-ils à voix haute. Les tables voisines apprécient et vous voilà relégué(e) près des toilettes, du chariot de fromages ou autres turpitudes du genre (table d'anniversaire, fumeurs de cigares et autres puants) ou pis encore, célibataires en vis-à-vis avec leur demi-bouteille (la vacherie du miroir). Pour l'avoir éprouvé à moult reprises, je vous livre aujourd'hui mes recettes antispleen.

Si vous réservez pour une personne, attendez-vous au lanternage arrogant et souvent à l'impossibilité (les rats ont horreur des solitaires). Réservez donc pour deux. D'une voix sûre, précisez l'heure, la table. Demandez un endroit bien.

Mieux : confirmez.

Prenez un shampooing et talquez vos pompes.

Choisissez un bon bouquin.

Lorsque vous arrivez, soyez pro. Pas un mot, de la concision : le nom de la réservation. Un peu de morgue ne nuit point. Surtout ne dites pas dès le départ que vous êtes seul, sinon vous êtes bon pour le piquet.

Allez à votre table et lorsque vous êtes assis, faites part avec une superbe contrariété que votre ami(e) a loupé son train. Logiquement, si vous êtes convaincant, le personnel vous prendra sous son aile. Si vous êtes chiffonné, les cœurs d'artichaut vous feront un traitement de faveur : le vin arrive soudainement, les amuse-bouche pleuvent. Pour une fois, on vous demande si tout va bien avec une sincérité désarmante.

Les autres tables vous dévisagent ? Bah, arborez une mine réjouie, celle de la félicité solitaire. À part ceux accompagnés de créatures du diable, les autres se mettent à vous envier. Pensez donc, vous souriez, le personnel vous suit, vous choisissez un bon cru et les autres partagent, s'ennuient. Pire, leur compagne(nion) vous lorgne. Vous les regardez avec une commisération enjouée.

Mettez le personnel dans votre poche. Félicitez le sommelier, faites-le gamberger, demandez-lui un vin de méditation qui vous laisse intelligent (c'est là qu'il prend son pied). Souriez au maître d'hôtel, parlez-lui de ses places précédentes (c'est rarement fastidieux), encouragez les commis (c'est du tout cuit). En une heure, vous les avez dans votre poche. Les duos vous envient, fantasment (qui c'est ?).

Prenez systématiquement des contre-pieds. Commandez trois desserts, une tisane aux ailes de fourmi, un taxi acceptant les chiens.

Sortez triomphant.

Benoît, ou marcher sur un râteau dans un joli jardin

Finalement, que l'on soit seul(e) ou accompagné(e), on attend d'un bistrot de l'ambiance, du sentiment, on pourrait même dire de la franchise. Qu'importe qu'il ne soit pas génial, que les frites puissent être plus ceci, le vin plus cela... En fait, on pardonne volontiers parce que, précisément, le bistrot appelle à la paix des braves, à la réconciliation, à des moments chauds. En la matière, on pense immédiatement à Benoît, rue Saint-Martin, où la bonne humeur, fût-elle poussée, constitue le meilleur des apéritifs. C'est vrai, l'addition fume douloureusement, mais bon... Du coup, le petit menu du déjeuner (à 200 F tout de même) semble être la bonne aubaine.

Le choix du petit menu

Ouh la la, c'est comme si vous annonciez que votre chèque est en bois. Si, en plus, vous prenez une demi-bouteille, il y a du branlement dans le manche, du demi-sourire séché. Ce n'est pas de la trahison de classe, mais c'est tout comme. Du reste, vous comprendrez vite, de la lucarne de votre deuxième classe, que la vie en wagon de première est un peu plus douillette : grands chariots d'entrées servies à profusion, abondance de biens et de sourires, belle générosité, bonne humeur sonore. On se sent presque confus, chiche, péquenaud, un peu bête pour tout dire.

Salade. Le moins qu'on puisse dire, c'est que, d'entrée, on vous fait payer votre radinerie. Pour les amateurs de régime, cette rosace d'endives, c'est parfait, mais, pour un mangeur paisible, c'est un peu chien. On ne s'est pas foulé en cuisine, c'est évident, mais bizarrement, j'ai l'impression que l'assiette elle aussi vous le fait comprendre. Pas grave, attendons la suite.

Magret de canard. D'habitude, cela me tombe sur le poil, mais, pour une fois, j'ai eu le spectacle en direct et en face. Pour ma part, j'héritais d'un brave petit bout de poulet chasseur insipide et plutôt pingre (vaguement prévisible), mais de l'autre côté, c'était plutôt rude. Un magret de canard, certes, mais dégageant une sale odeur. Les mauvais arômes, ça contrarie, mais lorsque c'est très fort, cela devient presque amusant, potache : le doute est levé, la vérité sort nue de son puits, le spectacle commence. Mais le plus savoureux, c'est qu'il y avait là une fine gueule un peu agacée du traitement rudimentaire qui lui était infligée. Le p'tit menu, d'accord, la salade d'hôpital, moui, mais là ce fut l'étincelle. Boum ! Ce fut assez poilant

de le voir se dépatouiller avec ces fibres piteuses, de suivre la pointe du couteau fourrager, s'agacer, la faim revenir au galop sur les patates, et finalement le renoncement, les couverts tombant en croix dans le bazar, comme un cow-boy dans la poussière.
Pas grave, il y avait le dessert...

Vacherin au café. Dès qu'il est arrivé, on a senti qu'il n'était pas franc du collier. Bizarrement, il gisait dans un linceul crémeux à la vanille comme si on venait de le ramasser au pied d'un immeuble. Mais le problème, c'est que le bougre était vidé de sens depuis belle lurette. La chantilly pâteuse et surtout la glace congelée, décongelée, refroidie, chambrée. Imaginez la tête que vous auriez si vous subissiez pareil traitement (donc, c'est pareil). La minceur de la tranche, au-delà d'une benoîte pingrerie, tenait en soi de la perspicacité, mais on arrivait à retrouver les paillettes, la glace, les traces du forfait.

Le service

Logiquement, si vous jouez le jeu de la carte (500 F à 700 F environ), vous héritez d'un service enjoué, content de vous et allègre. Sinon...

La clientèle

De très belle facture. D'épatants « oh-oh-oh-oh ! » témoignaient de sincères félicités ;

des touristes américains à nos côtés connaissaient une déroute identique mais la vidangeaient par une grâce « dentifricielle » fort courtoise.

Et alors?

Lorsqu'on propose un menu, fût-il d'appel, il faut jouer le jeu, sinon on ne le met pas. Car, par un redoutable effet de manivelle, il mime à sa façon ce que veut dire le restaurant dans son ensemble. C'est marcher sur un râteau dans un joli jardin. Par chance, les guides gastronomiques ont plus de veine que les touristes américains : 16/20 au *Gault Millau*, une étoile au *Michelin*.

Benoît
20, rue Saint-Martin, 75004 Paris
Tél. : 01 42 72 25 76
Ouvert tlj. Accueil jusqu'à 22 h sur réservation. Carte de crédit acceptée, mais American Express seulement.

LEÇON N° 47

Faut-il laisser un pourboire ?

Chacun sa religion. Je connais des personnes qui laissent d'impressionnants pourboires. *Primo*, parce qu'elles disposent d'arrières, *secundo*, parce qu'il y a une authentique reconnaissance et des remerciements sincères pour des instants rares. Mais elles ne sont pas légion. D'autres lâchent des pourboires en capitalisant sur l'attachement du maître d'hôtel à sa cause. Lors d'une prochaine réservation, les dividendes tombent, on hérite d'une bonne table et de courbettes plus soutenues. Mais pour le reste, c'est à votre bon cœur. Disons que si vous avez déjà lâché 50 F pour le voiturier, 40 F pour le vestiaire (certains restaurants facturent au nombre d'objets, mieux vaut laisser les gants dans ses poches), il est logique que la table récolte la somme identique, ce qui nous fait déjà un budget dodu.

Le statut du critique est peut-être différent. S'il estime qu'en passant plus de 400 repas par an dans ces établissements, il remplit suffisamment les caisses de la restauration, cela peut s'entendre. Voici néanmoins d'autres repères pour lâcher quelques unités supplémentaires.

Si le service fait preuve d'une authentique gentillesse et d'une sollicitude sincère, c'est le moment d'être reconnaissant.

Si vous avez vraiment enquiquiné la salle pour vos petites manies (pas de bruit, le vin à petites gorgées, les lumières plus basses, la sole sans sauce...) alors ne soyez pas chien, adoucissez la fin de soirée du personnel par quelques largesses.

En revanche, si on vous prend de haut, on vous traite mal, on vous prend pour un péquenaud : nada et même pas bonsoir.

L'Ami Louis, l'abondance absurde

Laisser un pourboire ? Moui... Il y a des fois où l'addition vous a tellement rincé qu'il ne reste non seulement plus de billets pour dérider le personnel, mais encore de compassion pour entretenir un certain type d'adresses. Parmi celles-ci, L'Ami Louis, table insensée à prix grotesques pour nourritures sublimement simples, est ouvert – le saviez-vous ? – le dimanche soir. Le soir de mon passage, il n'y avait pas un Französe à l'horizon, rien que des Américains que les grands hôtels avaient placés en halte-garderie et que leurs chauffeurs remporteraient, deux ou trois heures plus tard, dans leur Riviera. Croyez-moi, des soirées comme ça, on en reveut. Enfin presque...

La réservation

Celle-là est particulièrement gratinée. En effet, cela semble impossible de réserver le dimanche soir. L'art de la marinade, vous connaissez ? Cela commence quatre ou cinq jours avant. C'est complet (on se croirait chez Spoon) mais bon, vous insistez et vous voilà en liste d'attente, deuxième position. « Rappelez le samedi », vous chouine-t-on. D'accord. « Rappelez demain. » Oui, m'sieur.

« Rappelez tout à l'heure. » À vos ordres. 19 h 30, c'est la dernière chance. Alors ? « Complet. » Vous feignez la détresse, et tentez la génuflexion. « Bah, rappelez dans dix minutes, qui sait ? » Quinze minutes après, la madone des crapules avait libéré une table. Ben voyons. En fait, tout dépend de la météo sur la Côte d'Azur et des caprices des habitués. S'il fait très beau, vous avez une petite chance, s'il fait maussade, soyez assuré que, dès 20 h, ils arrivent en robe de chambre.

Le menu

Foie gras. C'est comme du beurre, du reste délivré avec, sans finesse ni saveurs ; juste trois tranches qu'un appétit raisonnable ne saurait ingurgiter. Le coup, c'est d'en prendre un pour deux, ce que tout le monde fait, à part les touristes. Le pain est livré grillé à foison. C'est simple, asperges, foie gras, fraises des bois, on n'a le goût de rien, tellement c'est absurdement abondant. C'est d'un chic étrange.

Poulet rôti. Lui, au moins, l'abondance lui sied. Enfin, il est entier (bien que j'aie eu un mal de chien à retrouver les sot-l'y-laisse), superbement rôti, moelleux, suave. C'est formidable et, rien que pour lui, on a envie de devenir millionnaire. Les pommes allumettes arrivent en montagne et, déjà, des Américains se lèvent pour voir, c'est tout juste s'ils ne laissent pas une carte de visite dans l'assiette.

Dessert. On se demande à quoi peut bien ressembler une glace à 100 F : ben, juste quatre boules vaguement dégrossies, beaucoup trop froides. Gonflé, non ?

Le service

Roué, alternant tous les registres, mais parfois trop vite : entre la flagornerie, la tendresse, la servilité, il y a un moment où les vertèbres n'ont plus de colonne.

Le décor

Véritable petit conservatoire d'une époque révolue (1926). On se croirait dans un restaurant sous l'Occupation. Ne manquent plus que les semelles compensées des ober-lieutenants casquettés, croisant (effarés) Noël-Noël (saisi d'effroi) dans l'escalier des toilettes.

La clientèle

Épatante. À la table voisine, une murène perspicace fixe un sémillant septuagénaire en prince-de-galles et lui demande : « Est-ce que je te fais peur ? » Celui-ci répond d'une voix basse quelques murmures inaudibles. Une tablée de six Américaines reconstruites sur le tard commandent un château latour. « Pfuit... un 90 ! » maugréent des marchands sur notre gauche. Au bout d'un moment, le spectacle devient gentiment délirant avec ses créatures artificiellement amincies et ses dodus mangeant avec une allégresse touchante.

Et alors?

Décadence snobish avec quelques élans tendres.

Faut-il y aller?

C'est *grosso modo* inutile.

Est-ce cher?

Pan ! Comptez 800 F au moins par personne.

L'Ami Louis
32, rue du Vertbois, 75003 Paris
Tél. : 01 48 87 77 48
Ouvert tlj sf lun. et mar.
Accueil jusqu'à 23 h 30.

LEÇON N° 48

Chiffre ce qu'il y a autour de toi !

Parfois, de brusques bouffées s'emparent de doux inconscients. Ils s'ennuient luxueusement dans leur travail et tout à coup, au-dessus d'un sabayon d'artichaut, la pomme de Newton leur tombe sur le crâne. Et si j'ouvrais un restaurant ? Hé, hé Bien sûr. Les amis, les plats brillants, les vins malins, la presse accourant… Au digestif, ils sont déjà en train de demander au serveur si le restaurant n'est pas à vendre. À l'attention de ces doux amis, voici un petit moment de détente, histoire de calibrer l'épaisseur du rêve.

L'emplacement : trois choses fondamentales en matière de mode, l'emplacement, l'emplacement et l'emplacement. Direction le VIIIe arrondissement, 500 m² autant que possible, ce qui nous fait un loyer mensuel de 200 000 F. Tu es toujours là ?

La décoration : aujourd'hui, il ne suffit pas d'accrocher deux lampions et une peau de marsupilami. Il te faut ce qu'on appelle une « signature ». Prépare une enveloppe de 10 000 000 F (travaux compris, détends-toi), si tu choisis la tendance Garcia avec ses abat-jour frangés (à quand les serveurs avec l'accessoire en chéchia ?) Pour les radins, option tendance Terence Conran. C'est plus dépouillé, mais 7 000 000 F quand même !

Le personnel : en cuisine, évite le « conseil » d'un grand chef, cela te serait fatal (on se fait ébouillanter à partir de 300 000 F), mais il te faudra cependant une armée de marmitons (3 000 000 F par an, pour 20 salariés). En salle, même tarif : 15 à 20 salariés, 3 000 000 F. Certains oublient de payer leurs charges sociales, c'est une vision à court terme. D'autres les paient : 2 000 000 F à 3 000 000 F.
Le directeur : indispensable. Il faut même deux coresponsables qui vont exiger entre 13 000 F et 17 000 F, voire entre 22 000 F et 30 000 F.
La « bombe atomique » : fondamental. Un restaurant à la mode sans jolie fille, c'est de l'audimat en moins. Il faut compter un minimum de 14 000 F par mois. « Le problème, soupire un directeur, c'est qu'on vous les cra-

vate dans les six mois : elles ne pensent qu'à faire un autre métier. »

Le D.J. : le disc-jockey demande entre 500 F et 800 F par soirée. Mais ça, c'est au black. Sinon, compte 1 000 F.

L'attachée de presse : ouh la, pour lancer ton restaurant, compte 300 000 F pour le grand numéro et 30 000 F pour des coups.

Le voiturier : payés à la voiture (40 F à 50 F), ils sont souvent plusieurs, et parfois lavent les autos (140 F à 180 F). Pense quand même à fournir l'eau, l'éponge, la casquette, le T-shirt, l'écharpe et le blouson brodé (8 000 F à 10 000 F par unité). Et tiens-les à l'œil : un restaurant du VIIe arrondissement a ainsi perdu son voiturier. Il est parti avec le coupé Mercedes d'un client.

Les accessoires : les menus, entre 100 000 F et 400 000 F par an. Les serviettes : certains les louent, d'autres achètent 35 F une serviette en coton. Il faudra alors prévoir la blanchisserie : budget annuel 250 000 F (comprenant le pressing du personnel). Les pochettes d'allumettes, c'est gratuit si tu es sponsorisé. Certains trouvent cela *cheap* et n'hésitent pas à payer 20 à 25 centimes, voire 40 centimes la pochette.

Autre facteur de succès : la bouffe. Mais si c'est contrôlé (soit 28 % du CA H.T. en matière première). Si l'on se situe au-delà de 35 %, c'est pas bon du tout.

Les liquides : les petits malins se rattrapent ici. Pourquoi ? La marge en boissons se situe entre 5 et 6, avec la nourriture, c'est 3 (voir leçon n° 6 : Comment repérer les premiers pièges ?).

Compte 250 000 F pour l'énergie. Et 200 000 F pour l'entretien du matériel.

L'informatique : entre 250 000 F et 400 000 F pour maîtriser parfaitement ton produit.

Les tapeurs : la différence entre un restaurant qui marche et un autre qui ne marche pas se joue là. L'anniversaire d'une « vedette » (chanson, cinéma, média) qui s'invite avec 70 personnes (grand classique), tu multiplies par 500 F (le flot du champagne compris). Évite de dire « Revenez ! » à la sortie. « Et en plus, couine un directeur, personne ne paie le vestiaire. » Sois ferme, sinon tu fermes.

Les impayés : si tu es dans un arrondissement tranquille, prévois un trou de 10 000 F. Mais comme tu as choisi le VIIIe, multiple par 10 pour les cartes et les chèques sans provisions. Té !

Pense au coulage : 2 % de fauche et de casse. C'est en chute libre avec un système de contrôle efficace.

Compte également 100 000 F pour les avocats, les assurances.

Les commissions pour les cartes de crédit : c'est 160 000 F.

Le chiffre d'affaires : par an, 20 000 000 F, hors taxes.

La rentabilité : 5 à 7 % après impôts. Mais il faut bien attendre 3 ans, si tu marches bien. C'est au dix-huitième mois que tout se joue.

Le Tournesol, la vengeance est un plat...

Le temps des terrasses est un moment délicieusement parisien. Pas une adresse qui éventre ses devantures, ne pousse sur le bitume, le temps d'une salade, d'un poisson grillé, d'un tartare rafraîchi. Parmi toutes les adresses, il en est une exquise, le Tournesol, près de la Maison de la Radio.

Allez savoir pourquoi, dès son lancement, cette adresse hérita d'une grâce, d'une sympathie qui depuis ne sont jamais parties. C'est à se demander si un coquin de sort ne vint rétablir l'injustice navrante d'une pantalonnade orchestrée il y a deux ans, lors d'un prix attribué à un jeune restaurant. L'histoire mérite d'être contée...

Un concours se proposait de consacrer « un jeune brasseur qui a su innover et donner une touche personnelle à son établissement ». Le lauréat, une banale brasserie du quartier Oberkampf, cuisinant à la « va-que-j'te », récupéra le prix à la surprise générale. Mais certainement pas à celle du jury, qu'une parenté bienveillante rapprochait du vainqueur. Au passage, et toujours à la surprise générale, le lauréat encore vacillant de félicité reçut un chèque dodu.

Car ce n'est pas 10 000 F que le bienheureux se vit attribuer, mais bien 100 000 F, décrochés au hasard d'une subvention baladeuse de la Ville de Paris. Le Tournesol termina bien entendu deuxième avec les félicitations du jury (mais pas un kopeck...) alors que le premier prix aurait pu lui revenir sans que personne ne sursaute. C'est aujourd'hui qu'il lui revient. Et avec les arriérés, car la salle et la terrasse ne désemplissent pas d'une joyeuse et belle clientèle.

La terrasse

On se croirait dans une publicité pour une bière mousseuse, un déodorant de douche, une automobile décapotable. La soirée est belle, les lumières sont de miel et la ville délivre un delta de rues joliment incurvé. Le paysage n'est pas transcendant mais il a du chien, la ville s'apaise lentement, quelques immeubles grattent le ciel, et à fleur du parapet, les têtes de passagers des bateaux-mouches passent de façon surréaliste. On ne voit qu'elles, on dirait des bigorneaux sur un long plateau.

Les nourritures

Avec les terrasses, les plats comprennent vite que leur place n'est plus ici. J'ai le souvenir encore récent d'une table amarrée au pied du ministère des Finances qui se compliquait joliment la vie avec des fouillis d'herbes, des nuages d'épices.

Ce jour-là, le vent avait de la constance et fouillait sans vergogne. Et zou, l'assiette longuement baptisée perdit en un souffle tous ses attributs et au passage, le poisson retrouva sa vertu. Ici, au Tournesol, ça ne risque pas. Voici de solides plats de bistrot, bien campés avec leur maquis de laitue, des bûchers de frites (très bonnes quoiqu'un peu molles) ; des tartares en scrogneugneu (bien relevés), des poissons puissants dans leurs portions. C'est bien.

Les desserts

Ouh là, j'allais entonner un jodle louangeur, le papier fayot (jusque-là, ça y allait), lorsque arriva l'un des plus calamiteux tiramisu de Paris. Ah oui, direct vainqueur de la finale ! Et sans piston, ni tonton. Nul de chez nul, cartonneux, solidifié de froid, à faire rire un inculte. Du coup, pour se rincer la bouche, on se rabat vite fait sur la crème brûlée à la lavande. Autant aller directement aux toilettes, boire le savon liquide des lavabos. Au moins, ce n'est pas facturé, franc dans l'expression. Seul problème : il faut pencher la tête, effleurer la céramique et risquer de rencontrer quelques connaissances...

La clientèle

Hommes et femmes de belle facture, poils brillants, peaux crémées, aisance ailée, verbe détendu, gestuelle avenante, scénographie juvénile : bras sur les épaules, bassins mobiles, trio de femmes blondes sur la banquette, arrivée de couples sortant de la douche. C'est presque aussi joli que chez Costes. Vraiment bien.

Le service

Pas mal aussi, flexible, dégagé, preste. Il faut, tout en ondoyant, être rudement en alerte avec ces appétits soudains, fantasques.

Et alors?

On peut dire que le Tournesol appartient à ce genre d'adresses bien parisiennes, vives, félines, distrayant sa clientèle de plats bistrotiers, pas trop rasoir dans son professionnalisme avec cette touche d'amateurisme éclairé. On aurait pu quand même nous éviter la « *human touch* » de l'effroyable tiramisu, le coup de la faute qui vous épargne la perfection ennuyeuse. Mais ça, c'est Paris, pas vrai ?

Faut-il y aller?

Oui.

Est-ce cher?

Vous n'êtes pas obligé de vous cogner la carte entière et hériter ainsi de prix suffisamment doux pour régler l'addition entière. Comptez 250 F.

Le Tournesol
restaurant bar
2, avenue de Lamballe, 75016 Paris
Tél. : 01 45 25 95 94
Ouvert tlj sauf dim. Accueil jusqu'à 23 h.

LEÇON N° 49

Comment se faire passer pour un critique ?

Sincèrement, ça vous tente ?! Comme je vous comprends. En embrassant cette profession, vous débarquez dans un opéra de quat'sous, une république bananière désopilante, une fiction savoureuse. C'est une planète exquise bordée de meringues, aux cieux chantilly et aux sofas de promesses. Vous croyez tomber dans *L'Aile ou la Cuisse*, mais le grand restaurant, c'est encore mieux que ça. Personnages truculents, chefs paranoïaques, égéries teufteufantes, silhouettes dodues, scènes à n'en plus finir. Vite, montez dans le train. Mais avant de claquer la portière sur votre loden, notez bien quelques détails élémentaires.

Cela commence lors de la réservation. Prenez une voix de basson, ayez le verbe fleuri, le timbre grassouillet (voir leçon n° 2 : Comment réserver sa table au restaurant ?). Vous n'appartenez à aucune revue, à aucun journal, à aucun magazine ? Et alors ? C'est le moment d'en créer un. *Illico*, bombardez-vous directeur, prenez une particule au passage, vissez la plaque de cuivre sur l'extérieur de votre immeuble. Prenez un peu de ventre, c'est peut-être préférable.

Lorsque vous réserverez, surtout jouez les faux modestes et, *crescendo*, annoncez les couleurs. Vous allez consacrer un article à votre illustre correspondant et pour les besoins du reportage, vous allez passer lui rendre visite, de préférence vers midi. Logiquement, l'invitation tombe dans la demi-seconde.

Soignez la mise : cravate, petit gilet, automobile digne du parking, celle-là même dont la publicité figure dans votre journal.

Avant d'entrer dans le restaurant, vérifiez bien que vous avez en votre possession tous les attributs du pouvoir : cartes de visite armoriées, filiation à des clubs fictifs, appareil photo, petit magnétophone, épinglettes énigmatiques. Soyez poli : baisemain à Madame, salutations distinguées au seul directeur de salle, petit mépris plissé pour la piétaille.

Lorsque le chef est là, rameutez les connaissances communes, rassurez-le : prenez déjà une photo. Débutez l'interview, comme si vous étiez en direct sur la radio. Ne parlez pas de ses plats, mais de ses créations ; pas de son parcours professionnel, mais de son destin ; pas de la bouffe, mais de la gastronomie. Mettez des lettres anglaises dans vos propos, parlez comme sa carte.

À table, griffonnez sans arrêt, même si vous n'avez rien à écrire : notez n'importe quoi, du moment que ce soit illisible (liste des courses à faire, réparation sur la voiture, la toiture, coups de fil à passer).

Dès qu'une assiette arrive, survolez le contenu comme si vos narines allaient jouer l'hydravion. Réfléchissez beaucoup, sans toutefois vous prendre la tête entre les mains. Vos doigts sont peut-être encore tout gras de la terrine de moineau...

Buvez méticuleusement, évitez néanmoins de vider un magnum car votre crédibilité tient aussi à votre façon de vous lever. Si vous vous affalez, de la mousse mauve aux lèvres, mieux vaut chercher un autre métier (faux plombier, lieutenant de la marine suisse, politicien...).

Enfin, payez votre addition. Sinon, vous êtes ferré à vie. Le principe est simple : en vous invitant, le chef se garantit d'un cessez-le-feu de quelques mois. Il semble évident qu'à moins d'être inconscient, celui qui rompt ce pacte est grillé à vie. Je t'invite, femmes et enfant compris, tu me fous la paix. Soit. Voilà pourquoi le chef sait très bien qu'en invitant le critique, il se paie pour pas grand-chose (mettons 800 F) une quiétude qui vaut de l'or. Une seule règle, donc : ne vous faites jamais inviter. Si cela vous arrive par surprise ou par forcing, renvoyez le montant en cadeau.

Tanjia,
le bluff cruel de la mode

Ne pas se faire passer pour un critique, c'est épatant. On rencontre alors tout ce qui arrive aux clients normaux. Croyez-moi, ce n'est pas triste. C'est la meilleure façon de s'amuser dans le métier.

« Tu verras, m'avait distillé une initiée de la nuit, en bas, c'est le gratin, en haut, les ploucs. » Au moins, j'étais averti, pressentant les résultats. « Monsieur, avez-vous réservé ? » Bien sûr. Et hop ! Direction mezzanine et son étuve méditerranéenne. Bah, dans ces cas-là, il ne faut pas tirer la tronche.

Rappelez-vous seulement cette anecdote, vous serez vacciné à vie : à la Tour d'Argent, une richissime Américaine, propriétaire d'une chaîne de supermarchés, avait ses habitudes. Et régulièrement la meilleure table. Elle s'appelait Barbara Hutton. Arrivant un jour à l'improviste, elle ne peut bénéficier de ce privilège. Claude Terrail, le maître des lieux, présente ses excuses. Mais l'élégante le rassure à voix haute : « Mais dear Claude, la meilleure table, vous le savez bien, est celle où je suis assise. »

La gentillesse

Ça, c'est nouveau. Avant, on accueillait

les clients à la fourche, on leur répondait comme à des chiens (rassurez-vous, ces adresses existent toujours...). Aujourd'hui, vous pourriez marcher sur le pied du serveur qu'il tendrait l'autre avec ses remerciements. « Mais bien sûr... Mais avec plaisir, je vous en prie, prenez votre temps... » À croire qu'une nounou russe est dans la cuisine et seringue le personnel.

Le menu

Une nourriture plutôt gentille, correcte, mais sans doute trop comme ces jus d'orange pasteurisés sur les balcons d'hôtel. Manque plus que le peignoir blanc.

Salade de carottes. Pour 65 F la petite assiette, on s'attend à voir nos carottes relookées par Stella Mac Cartney. Non, elles sont seulement aspergées d'eau de fleur d'oranger, comme ces adolescents encore incertains qui abusent du déodorant. Pas mal, gentil.

Pastilla. D'accord, je ne vais pas vous faire la roucoulade habituelle sur l'une des sept merveilles du monde (délices des feuilletages, croisement des sucrés-salés, bla bla bla...), car ici, on ne répond pas vraiment au plat. Disons que ça passe, c'est gentil, joli, sans être sexy. Mais diable, que cela manque d'ampleur, de fastes, de gras, de subtil, de croustille ! De tout. Pétard de Prusse, ça manque de pastilla !

Salade d'orange. (Moui) À propos, avez-vous déjà essayé des fraises avec des oranges ? Essayez, c'est assez coton (les OGM, à côté, c'est de la guimauve).

L'ambiance

Un décor doux, plaisant, réussi. Une bande-son bien troussée régulièrement marteau-piquée par le téléphone hurleur de la réception.

La mode

Ah, ah, nous sommes tous d'incurables crédules. On cherche partout les têtes du moment : Adjani, David Guetta, Sim, Arno K... Toutes les têtes de gondoles. Mais bernique, il n'y avait ce soir-là pas grand-chose à se mettre sous la dent. Vous (bonjour) et moi (passons), autant dire les remorques de la mode, les guetteurs de profils, les tourneurs de cou, les Champs-Élysées. C'est pas mal, gentil, mais un peu dépossédé, transparent. On aurait voulu la lune, Tout-Paris. Tout. Or, Paris est ailleurs, dans le sillage nacré des attachés de presse, de la *jet set* : le village vacances est vide, les animateurs doivent déjeuner dans le troisième sous-sol, rigolant de la supercherie, s'envoyant des cassettes de Rintintin, mangeant des pêches blanches à pleine bouche.

Faut-il y aller?

Une fois (mais je l'ai fait pour vous).

Est-ce cher?

Ça grimpe très vite : 350 à 400 F !

Tanjia
restaurant, ***lounge bar***
25, rue de Ponthieu, 75008 Paris
Tél. : 01 42 25 95 00
Ouvert tlj, pour le dîner seulement.
Accueil jusqu'à minuit.

LEÇON N° 50

Comment ne pas se faire passer pour un critique ?

Sincèrement, ce n'est pas trop compliqué. Si vous êtes parvenu jusqu'à ces ultimes pages, c'est tout d'abord que vous n'êtes pas dénué de courage. Ensuite, vous avez pu glaner quelques petites clés...

L'important, c'est de ne pas tomber dedans. Dedans, c'est la maisonnée, les pièges, les honneurs, les jurys, les fausses amitiés, les copains collants, les plans foireux, les ascenseurs et leurs renvois (le terme est ici épatant de justesse).

La critique gastronomique est un genre formidable mais qui souffre de deux maux : d'amitié (elle parasite le jugement) et de passion (au milieu du feu, vous perdez tout discernement).

Un seul conseil : gardez vos distances. L'ombre y est fraîche, les amis rares (et précieux), la sérénité souveraine, le calme royal.

Ne pas se faire passer pour un critique, c'est ressembler à quelqu'un qui va au restaurant pour se faire plaisir. C'est changer de nom (essayez au moins une fois, quelle volupté étrange !), dîner normalement, demander l'addition. Réglez-la (pendant que vous y êtes) et dites au revoir en sortant du restaurant.

Dormez bien...

INDEX

Sont indiqués en italique les noms des restaurants et les titres des guides gastronomiques cités dans cet ouvrage.

Vivement la suite…

Du même auteur

Paris Vins, éditions Du May, 1987.
Guide des Stations de sports d'hiver, éditions Julliard, 1995.
Paris Fines Gueules, éditions TF1, éditions de l'Organisation Figaro Économie, 1996, 1997, 1998, 2000.
52 week-ends en Europe, éditions Assouline, 1999.
Chairs de poule, éditions Noesis, 2000.
Recettes de la Cocotte, éditions Francis Staub, 2001.

En collaboration :

Guide Gault Millau, 1981, 1982, 1983, 1984.
Vins et vignobles de France, éditions Larousse, 1988.
Guide Zagat Survey, 1999, 2000, 2001.
La Provence d'Alain Ducasse, éditions Assouline, 2000.

Conception graphique : Aurélia Lombard
Conception de la couverture : Michel Gourtay

La composition de cet ouvrage
a été réalisée par I.G.S. Charente Photogravure,
à l'Isle-d'Espagnac,
l'impression et le brochage ont été effectués
sur presse Cameron dans les ateliers
de Bussière Camedan Imprimeries
à Saint-Amand-Montrond (Cher),
pour le compte des Éditions Albin Michel.

Achevé d'imprimer en septembre 2001.
N° d'édition : 19850. N° d'impression : 014316/1.
Dépôt légal : octobre 2001.